Barbara und Michael Mertes
Am Nabel der Welt

Barbara und Michael Mertes

Am Nabel der Welt

Jerusalem – Begegnungen in
einer gespaltenen Stadt

**Bibliografische Information der
Deutschen Nationalbibliothek**

Die deutsche Nationalbibliothek verzeichnet diese Publikation in der Deutschen Nationalbibliografie; detaillierte bibliografische Daten sind im Internet über http://dnb.ddb.de abrufbar.

ClimatePartner **O**
**klimaneutral
gedruckt**

Die CO$_2$-Emissionen
dieses Produkts wurden
durch CO$_2$-Emissions-
zertifikate ausgeglichen.

Zertifikatsnummer:
53323-1503-1007
www.climatepartner.com

Titelfoto und alle weiteren Fotos: Barbara und Michael Mertes
Covergestaltung: Sabine Pelizäus

© 2015 by Bonifatius GmbH Druck · Buch · Verlag Paderborn

ISBN 978-3-89710-612-3

Gesamtherstellung:
Bonifatius GmbH Druck · Buch · Verlag Paderborn

Inhalt

Vorwort 8

Die geteilte Stadt 15

Sprachverwirrungen 26

Der jüdische Archipel 34

Muslime, Christen und Expats 42

Die Gegenwart der Vergangenheit 52

Ein anderes Zeitgefühl 63

Die hohen Feiertage im Herbst 71

Weihnukkah 79

Die ganz andere Nacht 88

Geteilte Erinnerung 94

Apocalypse now 109

Anastasis 127

Christsein in Jerusalem 140

Rachels Grab 152

Auf Wiedersehen, Jerusalem! 158

Glossar 166

Quellenangaben 175

Anhang 178

Allen Freunden
aus unserer Jerusalemer Zeit
in Dankbarkeit gewidmet

Jerusalem

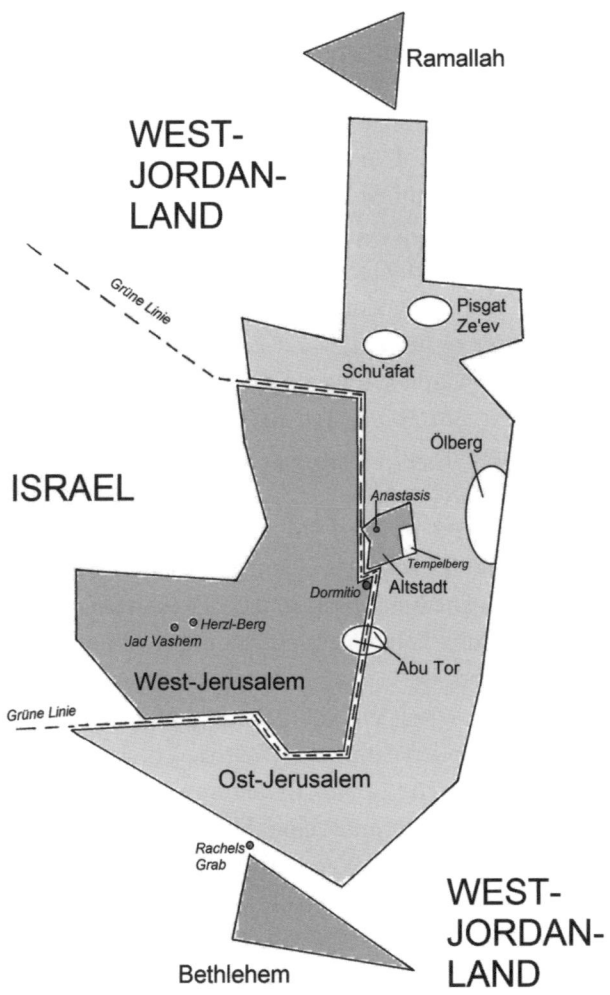

Ramallah

WEST-
JORDAN-
LAND

Grüne Linie

Pisgat
Ze'ev

Schu'afat

Ölberg

ISRAEL

Anastasis

Tempelberg

Dormitio Altstadt

⊙ Herzl-Berg
Jad Vashem

West-Jerusalem

Abu Tor

Grüne Linie

Ost-Jerusalem

Rachels
Grab

WEST-
JORDAN-
LAND

Bethlehem

Vorwort

Erst im Augenblick des Abschieds begreifen wir, was wir zurücklassen. So ist es uns beim Abschied von Jerusalem ergangen. Dort haben wir etwas mehr als drei Jahre – vom Sommer 2011 bis zum Sommer 2014 – gelebt. Wir hatten das Glück, sehr schnell gute Freunde unter West-Jerusalemer Juden, Ost-Jerusalemer Christen und Grenzgängern unterschiedlichster Herkunft und Identität zu finden.

Wir selbst waren Grenzgänger – Nomaden auf Zeit, die ihr Zelt am Rand der Judäischen Wüste aufgeschlagen hatten, auf einem Fleckchen Erde, das wegen der ganzjährig sprudelnden Gihon-Quelle oberhalb des Kidron-Tals schon vor Jahrtausenden ein überaus wertvoller Besitz war. Als Grenzgänger hatten wir volle Bewegungsfreiheit. Erst allmählich verstanden wir, dass Jerusalem keine vereinte, sondern eine in sich zerrissene Stadt ist.

Wir haben Jerusalem als geteilte Stadt erlebt, „geteilt" im doppelten Sinne des Wortes: „gespalten" und „gemeinsam". Die erste Bedeutung beschreibt die Wirklichkeit, die zweite eine Möglichkeit. Doch in unverhofften Augenblicken verwandelt sich diese Möglichkeit in Wirklichkeit. Dann wird offenbar: Es *gibt* eine Alternative. Jerusalem ist heute zwar gespalten, aber es könnte auch die gemeinsame Stadt verschiedener Völker und Religionen sein – eine Stadt, die alle miteinander teilen.

Als wir nach Jerusalem kamen, brachten wir einige Vorstellungen mit von dem, was uns erwartete. Solche Vorstellungen – ob positiver oder negativer Art – haben die problematische Eigenschaft, dass sie sich wie ein Filter vor die Wahrnehmung legen: Was sie bestätigt, wird zur Kenntnis genommen; was ihnen widerspricht, wird nicht registriert. Der erste Schritt zur Lösung dieses Problems besteht darin, die eitle Gewissheit abzulegen, man selbst sei natürlich frei von Vorurteilen.

Unser Jerusalem-Bild bestand aus Versatzstücken, von denen die meisten auch unseren Leserinnen und Lesern bekannt sein dürften: die goldene Kuppel des Felsendoms; bärtige Männer mit Schläfenlocken, schwarzem Hut und Kaftan vor der Klagemauer; grimmig dreinschauende israelische Soldaten auf Straßenpatrouille; Steine werfende arabische Jugendliche; Pilger auf der Via Dolorosa, die eine Nachbildung des Kreuzes nach Golgatha hinauftragen.

Zu den Bildern gesellen sich oft Klischees, von denen einige ganz falsch sind, andere die Wirklichkeit verzerren: „Die ultraorthodoxen Juden sind die treibende Kraft der Siedlungspolitik." – „Der israelisch-palästinensische Konflikt ist ein rein jüdisch-muslimischer Streit." – „Vertreter der christlichen Konfessionen liegen sich ständig in den Haaren, vor allem in der Grabeskirche."

Neben Versatzstücken und Klischees sind es eingängige Interpretationen, die den Blick auf Jerusalem trüben können. Sie vermitteln das trügerische Gefühl, man habe das Wesentliche verstanden. Hin und wieder erlebten wir mit eigenen Augen und Ohren, wie Pilger- und Touristengruppen von ihren Guides zugetextet wurden. Die Besucher hatten keine Chance, das Gesehene auf sich wirken zu lassen und Fragen zu stellen, die unter die Oberfläche gingen. Gerade im historisch-religiös-kulturell-politischen Labyrinth von Jerusalem mit seinen vielen verschlungenen Pfaden und unterirdischen Gängen kann es hilfreich sein, die Maxime „Weniger ist mehr" zu beherzigen. Diese Erfahrung hat uns zu Anhängern einer Form des Reisens gemacht, der wir den Namen „slow pilgrimage" gegeben haben. „Slow pilgrimage" bedeutet nicht einfach, dass man sich mehr Zeit nimmt. Es erfordert die Bereitschaft, sich auf Vielfalt einzulassen, Widersprüche auszuhalten und auf schnelle Klärungen zu verzichten. Das kann emotional sehr anstrengend sein. Es gibt ja ein allzu menschliches Bedürfnis nach Eindeutigkeit, das zur Parteinahme drängt. Aber nur wer es schafft, dieser Versuchung zu widerstehen, wird zu tieferen Einsichten kommen können.

Wir selbst haben von unterschiedlichen Seiten Geschichten gehört, die in sich plausibel und dennoch unvereinbar miteinander waren. In einem streng logischen Sinne kann es nur eine Wahrheit geben. Im wirklichen Leben gibt es oft mehrere Wahrheiten: Die Träume und Traumata des einen sind nicht die Träume und Traumata des anderen. Wir haben versucht zu verstehen, was beide Seiten umtreibt. Aber wir waren und sind nicht neutral: Wir pflichten all jenen Israelis und Palästinensern bei, die auf der eigenen Seite dagegen ankämpfen, dass den Nachbarn auf der anderen Seite das Menschsein abgesprochen wird; die sich dagegen wenden, dass Politik als Werkzeug religiöser Heilserwartungen missbraucht wird; und die anzuerkennen bereit sind, dass sowohl Juden als auch Araber mit gutem Recht die südliche Levante als Heimat beanspruchen – in welcher Form auch immer sie dieses Fleckchen Erde unter sich aufteilen.

Eine der wichtigsten Korrekturen am vorgefassten Bild von Israel kommt mit dem Erstaunen darüber, wie winzig klein dieses Land ist. Theoretisch hatten wir das zwar gewusst. Aber so richtig klar wurde es uns, als wir zum ersten Mal von unserem Stadtteil Abu Tor aus nachts die Lichter von Amman auf den Höhenzügen östlich des Jordans sehen konnten. Europäische und amerikanische Fernsehzuschauer sind daran gewöhnt, den Raum zwischen dem Mittelmeer im Westen und dem Jordan im Osten durch das Vergrößerungsglas der Weltpolitik zu betrachten. Davon muss man sich freimachen, wenn man das „Heilige Land" aus der Binnensicht seiner Bewohner erfassen will.

Mit rund 800 000 hat Jerusalem weniger Einwohner als zum Beispiel Hamburg, München oder Köln. Man findet dort auf engstem Raum ein immer wieder verblüffendes Nebeneinander von Provinzialität und Internationalität. Zur Weltstadt, ja zum Nabel der Welt wird Jerusalem vor allem durch seinen zentralen Platz in den heiligen Schriften und religiösen Topographien von rund 3,8 Milliarden Menschen: 14 Millionen Juden, 1,6 Milliarden Muslimen und 2,2 Milliarden Christen.

Nach etwas über drei Jahren in Jerusalem sind wir zurückgekehrt mit dem Gefühl, manches besser zu verstehen – aber auch in dem Bewusstsein, dass die Wirklichkeit zu komplex und widersprüchlich ist, um auf einen simplen Nenner gebracht zu werden. Unseren Gästen aus Deutschland pflegten wir zu sagen: „Wenn ihr mit einem Gefühl höherer Konfusion heimkehrt, habt ihr schon viel dazugelernt." Uns selbst geht es ähnlich. Aus wenigen großen mögen viele kleine Versatzstücke geworden sein – aber das Ganze bleibt eben doch nur Patchwork.

Den fragmentarischen Charakter unserer Erinnerungen und Reflexionen haben wir formal dadurch zum Ausdruck gebracht, dass wir auf große Erzählungen verzichten. Stattdessen möchten wir eine Collage aus vielen persönlichen Momentaufnahmen bieten. Anspruch auf Vollständigkeit erheben wir nicht.

In unserem Buch kommt auch Bethlehem vor, aber sonst haben wir unsere Begegnungen in der näheren Umgebung von Jerusalem – zum Beispiel in Emmaus/Qubeibe (palästinensisch) oder Abu Ghosch (israelisch) – fast ganz ausgelassen. Das gilt auch für unsere Erfahrungen in Galiläa, im Negev sowie im Küstenstreifen von Haifa über Netanja bis Tel Aviv. Allein über das, was wir dort und im Westjordanland gesehen und gehört haben, ließe sich ein eigenes Buch schreiben.

Unsere wichtigste Quelle waren Menschen, denen wir begegnen durften. Aus solchen Begegnungen sind Freundschaften entstanden, die uns viel bedeuten und die wir weiter pflegen werden. Es bleibt aber auch die Trauer darüber, dass wir unseren jüdischen und unseren arabischen Freundeskreis selten – eigentlich nur bei unserem Abschiedsempfang im Schatten des Dritten Gazakrieges – zusammenbringen konnten.

Die in unserem Buch zitierten Äußerungen von Gesprächspartnern sind tatsächlich so gefallen. Wir haben sie teils unseren Notizen, teils – nach bestem Wissen und Gewissen – unserem Gedächtnis entnommen. Da wir diese Gespräche nicht als Journalisten geführt haben, sondern im geschützten Raum privater Begegnungen, verwenden wir fast durchgehend Pseudonyme. Bei inhaltlich heiklen Zitaten verwischen wir die Spuren, die eine Identifikation der Quelle ermöglichen könnten.

Von Anfang an stand fest, dass wir dieses Buch gemeinsam schreiben. Die Wir-Form haben wir aus zwei Gründen gewählt: Zum einen vereinfacht sie die Darstellung; wir müssen nicht ständig zwischen „ich (Barbara Mertes)" und „ich (Michael Mertes)" unterscheiden. Zum anderen haben wir das individuell Erlebte stets so ausführlich miteinander besprochen, dass es zusammen mit dem gemeinsam Erlebten zu einem Ganzen verschmolzen ist.

Anmerkungen zur Schreibweise hebräischer und arabischer Eigennamen: Wir verwenden durchgehend eine dem Deutschen angepasste phonetische Schreibweise statt der ebenfalls gebräuchlichen angelsächsischen Schreibweise (also vor allem „j" statt „y" wie bei Nentanjahu; „sch" statt „sh" wie bei *Sch*abbát; „dsch" statt „j" wie bei Beit *Dsch*ala; „w" statt „v" wie bei Scha*w*uót). Ganz konsequent haben wir diese Regel nicht durchhalten können; Ausnahmen machen wir dort, wo die angelsächsische Schreibweise vom Namensträger selbst verwendet wird (also „Ari Shavit" statt „Ari Schawit"). Der bestimmte Artikel im Hebräischen lautet „ha"; er wird nicht vom Hauptwort getrennt geschrieben. Von den vier möglichen Varianten der Wiedergabe im Deutschen (zum Beispiel Haaretz, Ha'aretz, haAretz, ha-Aretz) ziehen wir in der Regel die Variante mit „ha-" vor.

Die geteilte Stadt

Pilger und Touristen, die zum ersten Mal nach Jerusalem kommen, erleben die Stadt als ein großes, buntes Mosaik – als ein Ganzes, dessen Teile sich scheinbar harmonisch zusammenfügen. Auf der Al-Wad-Straße, die das Damaskustor im Norden der Altstadt mit der Klagemauer und dem Dung-Tor im Süden verbindet, eilen strengreligiöse Juden mit schwarzem Hut und Kaftan an muslimischen Frauen mit Kopftuch und langem Mantel vorbei. Am Schabbát flanieren säkulare Juden aus Tel Aviv durch das muslimische und das christliche Altstadtviertel, plaudern mit den arabischen Händlern, lassen sich Hummus und Falafel bei Abu Schukri servieren und genießen danach Kaffee und Apfelstrudel im Österreichischen Hospiz. Durch die

zur Fußgängerzone mit Straßenbahn umgewidmete Jaffa-Straße spazieren kinderreiche jüdische Familien, junge Männer mit und ohne Kippa, Händchen haltende Paare und modisch gekleidete Teenager, denen nicht anzusehen ist, ob sie Juden oder Araber, Christen oder Muslime sind.

All diesen Menschen begegnete man bis zum Sommer 2014 auch in der neuen Straßenbahn „Jerusalem Light Rail", die Jerusalem vom Herzlberg im Südwesten bis Pisgat Ze'ev im Nordosten verbindet. Dann kam die große Zäsur: Zuerst ermordeten palästinensische Fanatiker drei jüdische Schüler im Westjordanland, dann brachten jüdische Fanatiker einen arabischen Jungen aus dem Stadtteil Schu'afat um. Es folgten schwere Unruhen in Ost-Jerusalem und der Dritte Gazakrieg. Als wir die Stadt im Herbst 2014 besuchten, hatte sich etwas verändert. Wir fuhren mit dem „Jerusalem Light Rail" von der Jaffa-Straße bis Pisgat Ze'ev. Es fiel uns auf, dass es – im Gegensatz zu früher – so gut wie keine arabischen Passagiere gab. Bevor wir die beiden arabischen Viertel Schu'afat und Beit Hanina erreichten, stieg ein israelischer Wachmann ein. An den Haltestellen in Schu'afat wartete niemand und stieg niemand aus. Ticketautomaten und Wartehäuschen waren nicht mehr da. An der ersten Haltestelle von Pisgat Ze'ev stieg der Wachmann in die entgegenkommende Bahn um.

Wer sich länger in Jerusalem aufhält, entdeckt, dass ein unsichtbarer Riss durch die Stadt geht. Als Ausländer haben wir diesen Riss in den ersten Wochen nicht bemerkt, weil wir uns zwischen West- und Ost-Jerusalem, zwischen den jüdischen und den arabischen Stadtvierteln ganz unbefangen hin und her bewegten.

Auf den meisten Straßenschildern waren die Straßennamen in hebräischer, arabischer und englischer Sprache zu lesen. Überall begegneten uns die Menschen mit großer Freundlichkeit. Es gab keine Checkpoints, die uns darauf aufmerksam gemacht hätten, dass wir dabei waren, die Grenze zwischen beiden Teilen der Stadt zu überschreiten.

Wann ist uns bewusst geworden, dass Jerusalem eine geteilte Stadt ist? Es war jedenfalls lange vor der großen Zäsur vom Sommer 2014. Jerusalem war noch ein scheinbar friedlicher Ort, als Adi, ein uns bekannter jüdischer Taxifahrer, sich weigerte, einen unserer Gäste am frühen Abend zum Paulushaus am Damaskustor zu fahren: „Das ist mir zu riskant!", meinte er. Wir verstanden ihn nicht und wandten ein: „Das Paulushaus liegt doch mitten in Jerusalem; die Straßen dort sind belebt, an jeder Ecke stehen Polizisten." Adi ließ sich nicht überzeugen. Allmählich begriffen wir, dass er allen Ernstes fürchtete, sein Auto werde von Arabern beschädigt (und er selbst vielleicht sogar verprügelt), wenn man ihn in der Umgebung des Damaskustors als Juden identifiziere.

Aber auch umgekehrt haben wir erlebt, dass arabische Freunde aus Ost-Jerusalem Hemmungen hatten, zu uns nach West-Jerusalem zu kommen. Gelegentlich wurde in den Medien gemeldet, jüdische Jugendliche aus dem Siedlermilieu hätten arabische Passanten auf offener Straße beschimpft, angespuckt und geschlagen. Genau zu einer Zeit, als es wieder solche Nachrichten gab, hatten wir eine arabische Freundin aus Ost-Jerusalem in unsere Wohnung eingeladen. Ein paar Tage vor dem Termin schickte Maryam uns eine

E-Mail. Darin bat sie um Verständnis dafür, dass sie absagen müsse – „wegen der aktuellen Situation". Ihr mache der Gedanke Angst, allein durch West-Jerusalem zu fahren.

Wenn wir an ihrer Seite waren, fühlte sie sich jedoch sicher. So haben wir gemeinsam mit Maryam einige sehr schöne Ausflüge zu West-Jerusalemer Zielen und an israelische Orte in der näheren Umgebung unternommen. Höhepunkt war ein gemeinsamer Besuch an der Klagemauer in der Pessachwoche 2013 während der Erteilung des Aaronitischen Segens durch die Kohens (hebr. *Kohanim*, eine Untergruppe der zum Tempeldienst berufenen Leviten). Maryam, die den Sechstagekrieg 1967 als kleines Mädchen auf der damals jordanischen Seite Jerusalems erlebt und die Martin-Luther-Schule im christlichen Viertel der Altstadt besucht hatte, gestand uns, seit ihrer Kindheit nicht mehr im Jüdischen Viertel gewesen zu sein.

Diese beiden Geschichten sind nach unserer Erfahrung durchaus charakteristisch. Wir könnten noch von einer Reihe ähnlicher Erlebnisse berichten. Natürlich gibt es auch viele Juden und Araber, die frei von solchen Bedenken sind – weil sie berufliche Kontakte zur anderen Seite haben, sich für Sprache und Kultur ihrer Nachbarn interessieren oder einfach offen und neugierig sind. Auf den Riss, der durch die Stadt geht, haben uns allerdings diejenigen aufmerksam gemacht, denen es widerstrebt, die Schwelle zur anderen Seite zu überschreiten.

Lange Zeit sprach man im wiedervereinigten Berlin der 1990er-Jahre von der „Mauer in den Köpfen". Dieses

Bild sollte zum Ausdruck bringen, dass die Stadt äußerlich zwar geeint war, ihre Bewohner sich aber noch keineswegs als Teil einer großen urbanen Gemeinschaft empfanden. Sie blieben gleichsam durch eine Glaswand voneinander getrennt. So gesehen, passt die Metapher von der „Mauer in den Köpfen" auch sehr gut auf Jerusalem.

Doch es gibt einen fundamentalen Unterschied: Berlin wächst zusammen, Jerusalem driftet auseinander. Ost- und Westberliner sprechen dieselbe Sprache. Sie pflegen privaten Umgang miteinander. Sie streiten nicht über die Frage, wem das Brandenburger Tor gehört. Kein Ost-Berliner wird erleben, dass eine Gruppe von 50 bis 100 Hooligans über den Kurfürstendamm läuft und „Tod den Ossis!" skandiert. Und kein West-Berliner muss sich fürchten, in Pankow von jugendlichen Randalierern tätlich angegriffen zu werden, bloß weil er ein „Wessi" ist.

Wir haben dagegen mitbekommen, wie ein Imam allen Ernstes bestritt, dass es auf dem Tempelberg je ein jüdisches Heiligtum gegeben habe. Und wir haben erlebt, wie Vertreter des Jerusalemer Tempelinstituts für den Aufbau eines „Dritten Tempels" auf ebendiesem Berg warben – was nur ginge, wenn zuvor die Al-Aqsa-Moschee und der islamische Felsendom abgerissen würden.

Wir haben mit eigenen Augen und Ohren gesehen und gehört, wie eine Gruppe von 50 bis 100 Jugendlichen aus dem radikalen Siedlermilieu über die Jaffa-Straße lief und „Tod den Arabern!" skandierte. Und wir haben mit eigenen Augen und Ohren gesehen und gehört, wie eine junge Frau aus Ost-Jerusalem sagte, alle Probleme der Stadt wären gelöst, wenn die Juden endlich dorthin verschwänden, wo sie hergekommen seien.

Auch politisch gibt es keine Parallelen zwischen Berlin und Jerusalem. Berlin ist die unumstrittene Hauptstadt eines wiedervereinigten Landes. Jerusalem dagegen soll, wenn es nach der Mehrheit in den Vereinten Nationen geht, Hauptstadt von zwei Ländern sein: dem existierenden Staat Israel und dem künftigen Staat Palästina. Dabei würden Israelis und Palästinenser – hier sollte man besser sagen: Juden und Araber – nach einem Vorschlag des früheren US-Präsidenten Bill Clinton auch die zu Ost-Jerusalem gehörende Altstadt unter sich aufteilen. Die meisten Israelis und die meisten Palästinenser sind gegen eine solche Lösung. Sie erklären in Umfragen jedoch auch, dass sie damit leben könnten, wenn diese Kompromissformel für Jerusalem Teil eines großen Friedenspakets wäre.

Bis zu einer abschließenden Einigung zwischen Israelis und Palästinensern bleibt der Status von Jerusalem politisch offen – so sehr die nationalistische Rechte in Israel sich auch bemühen mag, den gegenwärtigen Zustand als unumkehrbare, historisch vollendete Tatsache hinzustellen. Die internationale Gemeinschaft – einschließlich Deutschlands und der Vereinigten Staaten von Amerika – hat bislang allen Versuchen, den Status von Jerusalem einseitig zu verändern, die völkerrechtliche Anerkennung versagt.

Die politischen und rechtlichen Fragen im Zusammenhang mit Jerusalem sind Gegenstand vieler gelehrter Abhandlungen. Wir können hier nur ein paar Eckdaten nennen.

Der Teilungsplan der UNO für Palästina sah vor, dass das britische Mandatsgebiet zwischen Mittelmeer und Jordan in einen „Arabischen Staat" und einen „Jüdischen Staat" aufgeteilt werden sollte. Die entsprechende Resolution der UN-Generalversammlung vom 29. November 1947 bestimmte außerdem, Jerusalem und das benachbarte Bethlehem sollten als „gesonderte Einheit" *(Corpus separatum)* internationaler Kontrolle unterstellt werden.

Unmittelbar nach der Israelischen Unabhängigkeitserklärung vom 14. Mai 1948 griff eine Allianz aus Ägypten, Syrien, Libanon, Jordanien und Irak den neu gegründeten jüdischen Staat an. Im Verlauf dieses Krieges besetzte Jordanien das Westjordanland und Ost-Jerusalem einschließlich der Altstadt. Die Kämpfe endeten mit mehreren Waffenstillstandsabkommen im Frühjahr und im Sommer 1949. Es wurde eine Demarkationslinie („Grüne Linie") zwischen den von Israel und den von seinen arabischen Nachbarn kontrollierten Gebieten gezogen.

Bis zum Sechstagekrieg 1967 teilte diese Linie Jerusalem physisch. Wir konnten ihre Spuren direkt in unserer Nachbarschaft sehen. Sie verlief mitten hindurch. Wir lebten in der jüdischen Hälfte des Stadtteils Abu Tor. Nur fünf Minuten Fußweg trennten uns von der arabischen Hälfte, die einen völlig anderen Charakter hat. Auf dem Weg dorthin kann man an einigen Häuserfassaden noch heute die Narben der Einschüsse aus den Tagen des Unabhängigkeitskrieges erkennen.

Der Publizist und Buchautor Gershom Gorenberg beschreibt Jerusalem in einer Liebeserklärung als „unordentliche und schöne (Stadt), wo das Leben sich im

Zickzack über politische Verwerfungslinien hinwegbewegt". Hier kämen alle Elemente des israelisch-palästinensischen Konflikts – aber auch seiner möglichen Lösung – zusammen: „In Tel Aviv können die Leute eine Zwei-Staaten-Lösung mit den Worten ‚Die werden dort, wir werden hier sein' beschreiben. Doch in Jerusalem ist die Aufteilung staatlicher Hoheit über die Stadt der beste unter allen schlechten Ansätzen für eine gerechte Lösung; und das Offenhalten der Stadt ist der beste unter allen guten Ansätzen für das Alltagsleben."

Wir verwenden hier die etablierte Bezeichnung „Ost-Jerusalem", obwohl sie irreführend ist. Ost-Jerusalem liegt nicht nur im Osten, sondern auch im Norden und im Süden von West-Jerusalem. Es legt sich wie ein nach Westen offener Halbmond um den seit 1949 israelischen Teil Jerusalems. Heute umfasst diese Bezeichnung auch jene Gemeinden im angrenzenden Westjordanland, die Israel nach 1967 dem Jerusalemer Stadtgebiet einverleibte.

Im Jahr 1950 annektierte Jordanien Ost-Jerusalem. Die internationale Gemeinschaft – mit Ausnahme Pakistans – erkannte diese Annexion niemals an. Im Jahr 1980 annektierte Israel Ost-Jerusalem und erklärte das ganze Stadtgebiet zur Hauptstadt Israels. Auch diese Annexion ist von der internationalen Gemeinschaft niemals anerkannt worden. Man wird in Jerusalem vergeblich nach Botschaften suchen.

Den arabischsprachigen Ost-Jerusalemiten wurde nach 1967 angeboten, die israelische Staatsangehörigkeit zu erwerben. Die meisten haben davon keinen Gebrauch gemacht. Allerdings gehen die Antragszahlen in den letzten Jahren leicht nach oben. Zwischen 2008 und 2010 waren es rund 4.500, von denen ein Drittel bewilligt, ein Drittel aus Sicherheitsgründen abgelehnt und ein Drittel (Stand: April 2013) noch nicht beschieden wurden.

Arabischsprachige Ost-Jerusalemiten ohne israelische Staatsbürgerschaft werden als *Jerusalem residents* oder einfach *permanent residents* bezeichnet. Sie sind staatenlos, wenn sie nicht über einen anderen – zum Beispiel jordanischen – Pass verfügen. Der Status der *Jerusalem residents* ist mit einer Reihe von Nachteilen verbunden. So haben sie kein aktives und passives Wahlrecht bei den Wahlen zur Knesset, dem israelischen Parlament. Sie müssen Visa beantragen für die Einreise in Länder, die Inhabern eines israelischen Passes ohne Weiteres zugänglich sind. Gegenüber den (im Prinzip ebenfalls staatenlosen) Palästinensern im Westjordanland und im Gazastreifen haben sie allerdings einige bedeutende Vorteile – zum Beispiel, dass sie sich innerhalb Israels sowie zwischen Israel und dem Westjordanland frei hin- und herbewegen können.

Jerusalem residents, die sich um den für sie vorteilhaften israelischen Pass bemühen, geraten bei ihren eigenen Leuten in die Defensive. Wir fragten Ost-Jerusalemer Freunde, weshalb sie denn nicht die israelische Staatsbürgerschaft für sich selbst und ihre Kinder beantragen – dann hätten sie es doch viel leichter. Sie antworteten: „Wenn alle Palästinenser in Ost-Jerusalem das täten, würden sie die Annexion Ost-Jerusalems legitimieren und zementieren. Genau das will Israel, doch dazu geben wir uns nicht her."

Zu den seltsamsten Wirkungen der „Mauer in den

Köpfen" gehört, dass beide Seiten füreinander gleichsam unsichtbar werden. Was wir damit meinen, lässt sich am Beispiel der von uns so genannten „Geisterbusse" gut demonstrieren.

Wir fuhren oft mit Besuchern im arabischen Bus der Linie 21 nach Bethlehem. Diese Linie beginnt am Damaskustor im Norden der Altstadt. Sie führt auf der großen Ausfallstraße nach Süden, der kilometerlangen Derech Hevron, über Beit Dschala ins Zentrum von Bethlehem. Ihre Fahrzeuge sind weiß, mit drei blauen Streifen. In den arabischen Bus stiegen wir immer an der Derech Hevron auf Höhe unserer Wohnung. Die Haltestelle ist für die grünen israelischen „Egged"-Busse gebaut, und die „Egged"-Linien, die dort halten, werden auf Tafeln angezeigt. Für die arabischen Busse gilt das zwar nicht, aber auch sie können dort Passagiere aufnehmen und absetzen; das tun sie allerdings nur, wenn die Fahrer durch deutliches Zeichen dazu aufgefordert werden.

An einem Schabbát saßen wir an unserer Haltestelle und warteten auf den arabischen Bus nach Bethlehem, wo – im Gegensatz zu den jüdischen Stadtvierteln Jerusalems – samstags ein buntes Treiben herrscht. Jüdische Passanten, die uns warten sahen, kamen mitleidig blickend auf uns zu und erklärten: „Heute verkehrt hier kein Bus, es ist Schabbát!" Wir antworteten: „Doch, wir wollen mit der Linie 21 nach Bethlehem." Sie schauten uns verwundert an und gingen kopfschüttelnd weiter. Ein anderes Mal – an derselben Haltestelle – hörten wir eine junge Frau jüdische Mitwartende auf Englisch fragen, ob hier die Linie 21 halte. Alle verneinten das: „Es gibt hier keine Linie 21." Wir mischten uns ein und fragten die junge Frau, ob sie nach Bethlehem wolle. Das bestätigte sie, worauf wir sie beruhigen konnten: „Sie sind hier ganz richtig!"

Das also sind die „Geisterbusse": Wie nächtliche Schatten huschen sie unterhalb der Wahrnehmungsschwelle an vielen Jerusalemiten vorbei. Sichtbar sind sie nur für diejenigen, die um ihre Existenz wissen und sie auch benutzen. In aller Regel sind das Araber, manchmal Ausländer – und ganz, ganz selten unerschrockene jüdische Passagiere wie unsere aus den USA eingewanderte Freundin Schoschanah.

Sprachverwirrungen

Nach einiger Zeit in Jerusalem entdeckten wir nicht nur den Riss, der durch die Stadt geht, sondern auch viele Unterschiede, ja Gegensätze im Sprachgebrauch. Wo jemand steht – ethnisch, religiös, politisch –, lässt sich oft dem Vokabular entnehmen, das er verwendet, und der Art und Weise, wie er bestimmte Worte benutzt.

Israel: Nehmen wir als erstes Beispiel die scheinbar eindeutige Bezeichnung „Israel". Im Hebräischen hat dieser Name je nach Kontext drei verschiedene Bedeutungen. Er kann sich beziehen auf das Land Israel *(E-retz Israel)*, das Volk Israel *(Am Israel)* und den Staat Israel *(Medinát Israel)*. Europäer halten es für selbstverständlich, dass die Begriffe „Land Israel" und „Staat Israel" kongruent sind. So gesehen, umfasst die Bezeichnung „Land Israel" nicht das Westjordanland, sondern allein das Territorium zwischen dem Mittelmeer im Westen und der „Grünen Linie" im Osten. Wir haben jedoch festgestellt, dass viele unserer jüdischen Freunde – und keineswegs nur die Anhänger einer israelischen Besiedlung des Westjordanlandes – das biblische Territorium vor Augen haben, wenn sie vom „Land Israel" sprechen. Dieses „Land Israel" entspricht dem, was Christen als „Heiliges Land" bezeichnen. Es umfasst neben dem Territorium des Staates Israel die Regionen östlich der „Grünen Linie" – und damit biblische Städte wie Hebron, Efrata/Bethlehem, Jericho oder Sichem/Nablus.

„Judäa und Samaria" ist die Bezeichnung, die viele israelische Juden für das Westjordanland verwenden. Auch „die Gebiete" (*the Territories* mit großem „T") kann man gelegentlich hören oder lesen. Moderate Linke sagen zumeist „Westbank". Wir haben uns dafür entschieden, die entsprechende deutsche Bezeichnung „Westjordanland" zu verwenden. Wenn Sie einen politisch rechts stehenden Israeli treffen und mit ihm streiten möchten, sollten Sie von Judäa und Samaria beiläufig als „besetzen palästinensischen Gebieten" sprechen. Er wird Ihnen höchstwahrscheinlich entgegenhalten: „Diese Gebiete sind nicht besetzt *(occupied)*, sie sind allenfalls umstritten *(disputed)*. Und ‚palästinensisch' sind sie ohnehin nicht, denn sie sind Teil von *Eretz Israel*."

Im liturgischen Sprachgebrauch der Christen bezieht sich „Israel" in der Regel auf das „Haus Israel", also das Volk Israel *(Am Israel)*. So heißt es etwa im Psalm 98: „Er dachte an seine Huld und an seine Treue zum Hause Israel." Neben den hebräischen Bibeltexten spielen in diesem Zusammenhang zwei Schlüsselpassagen aus dem Lukasevangelium eine herausragende Rolle. Im Magnificat findet sich der Vers: „Er nimmt sich seines Knechtes Israel an und denkt an sein Erbarmen, / das er unsern Vätern verheißen hat, Abraham und seinen Nachkommen auf ewig." Im Lobgesang des Simeon hören wir: „Denn meine Augen haben das Heil gesehen, / das du vor allen Völkern bereitet hast, / ein Licht, das die Heiden erleuchtet, und Herrlichkeit für dein Volk Israel." Viele lokale, das heißt palästinensische Christen haben damit ein Problem. Sie assoziieren „Israel" unwillkürlich mit dem Staat Israel *(Medinát Israel)*.

Im neuen Gebet- und Gesangbuch für die arabisch-sprachigen Katholiken wird „Israel" durch „Jakob" ersetzt, im Lobgesang des Simeon „dein Volk Israel" durch „dein gläubiges Volk". Der Erzvater Jakob, Sohn Isaaks und Enkel Abrahams, trug den Beinamen „Israel" (Gottesstreiter). Das „Haus Israel" bezeichnet deshalb die Nachkommenschaft Jakobs und seiner zwölf Söhne („Israeliten"). Wir fragten einen hochrangigen Vertreter des Lateinischen Patriarchats, weshalb mit der neuen Sprachregelung eine mehr als 1.900 Jahre alte christliche Tradition aufgegeben werde. Er antwortete, dass Muslime, bei denen ein gewisser Zweifel an der Loyalität arabischsprachiger Christen zur palästinensischen Sache bestehe, die liturgische Verwendung des Wortes „Israel" missverstehen könnten.

Palästina: Palästinenser, politisch links stehende israelische Juden und viele Europäer nennen die palästinensischen Gebiete (Westjordanland plus Gazastreifen plus Teile von Ost-Jerusalem) oft „Palästina". Diese Bezeichnung suggeriert – soll suggerieren –, dass es einen Palästinenserstaat namens „Palästina" bereits gibt. Ob diese Sichtweise völkerrechtlich korrekt ist oder nicht, können wir nicht beurteilen. Fakt ist jedenfalls, dass es immer noch keine israelisch-palästinensische Einigung über eine Zwei-Staaten-Lösung gibt. Eine solche Einigung würde unter anderem die hoch umstrittenen Fragen des Grenzverlaufs zwischen Israel und dem Westjordanland, der Rechtsstellung von Jerusalem als Hauptstadt beider Staaten und der Ansprüche von bis zu fünf Millionen Palästinensern mit erblichem Flüchtlingsstatus regeln. Vor allem würde sie bedeuten, dass beide Konfliktparteien einander das Recht auf einen eigenen Nationalstaat in der Region Palästina für alle Zeit zuerkennen.

Solange es die Zwei-Staaten-Lösung nicht gibt, halten wir es für sinnvoll, die Bezeichnung „Palästina" dem einstigen (1920-1948) britischen Mandatsgebiet in der südlichen Levante vorzubehalten. Terminologische Klarheit ist auch deshalb notwendig, weil radikalislamische Organisationen wie die Hamas den ganzen Raum zwischen Mittelmeer und Jordan „Palästina" nennen; so unterstreichen sie ihre Auffassung, das „zionistische Gebilde" sei ein Fremdkörper, der beseitigt werden müsse.

Israeli: Dieser Begriff ist nur scheinbar eindeutig. Wer „Israelis" sagt, meint oft nur die jüdischen Israelis. Aber es gibt auch arabische Israelis (oder israelische Araber oder israelische Staatsbürger arabischer Nationalität). Derzeit sind rund 75 Prozent der israelischen Bevölkerung jüdisch und 20 Prozent arabisch; rund 5 Prozent fallen unter die Rubrik „Sonstige".

Wenn Palästinenser von Israelis – genauer: jüdischen Israelis – sprechen, sagen sie in der Regel „die Juden" oder „das jüdische Volk" (*the Jewish people* – was man auch mit „die jüdischen Leute" übersetzen könnte). Von Deutschland her waren wir es gewohnt, dass mit „Juden" die Angehörigen einer Religion, nicht einer Nation gemeint sind. Dort empfänden wir es zum Beispiel als antisemitisch, wenn in der Zeitung über „jüdische Einbrecher" berichtet würde; es käme doch niemand auf den Gedanken, den Ausdruck „katholische Bankräuber" zu verwenden.

Wo das Wort „jüdisch" indes eine vorwiegend ethnische Bedeutung hat, sieht die Sache anders aus. So bezeichnete im Herbst 2011 Reuven Rivlin, damals Sprecher der Knesset und heute Staatspräsident Israels, die Straftaten von Extremisten aus dem israelischen Siedlermilieu als „jüdischen Terrorismus". Niemand regte sich darüber auf, denn alle verstanden, dass es um eine Aussage im Kontext des jüdisch-arabischen Nationalitätenkonflikts ging. In diesem Kontext hätte auch die Bezeichnung „arabischer Terrorismus" keinen Anstoß erregt.

Der palästinensische Sprachgebrauch ist also per se noch kein Symptom antisemitischer Einstellungen. Allerdings haben wir beobachtet, dass die palästinensische Aversion gegen „the Jewish people" Hand in Hand geht mit einer generellen Judenfeindschaft. Es hat uns schockiert, aus dem Mund Arabisch sprechender Christen zu hören, dass „die Juden bei allen Konflikten, die es zurzeit auf der Welt gibt, ihre Finger im Spiel haben". Genau diese Verschwörungstheorie wird von der islamistischen Hamas verbreitet – zusammen mit anderen Gräuelmärchen wie etwa der Ritualmordlegende, wonach Juden früher vor Pessach Christenkinder schlachteten, um mit deren Blut Matzen zu backen.

Araber: „Arabisch" bezeichnet eine – bei genauerem Hinsehen sehr heterogene – Gruppe von Menschen, die Arabisch sprechen und kulturelle Traditionen der südlichen Levante pflegen. „Palästinensisch" ist dagegen ein politischer Begriff. Er definiert die arabischsprachigen Bewohner der südlichen Levante als Nation. Nationen haben ein Recht auf Selbstbestimmung, in letzter Konsequenz auf einen eigenen Staat. Zu Beginn des 20. Jahrhunderts gab es noch keine palästinensische Nationalbewegung, jedenfalls keine nennenswerte. Palästinensischer Nationalismus keimte erst während der britischen Mandatszeit (1920-1948) auf und reifte nach der Staatsgründung Israels 1948 zu einem politisch wirksamen Nationalbewusstsein. So gesehen, ist der palästinensische Nationalismus eine Antwort auf den Zionismus, der seinerseits von den europäischen Nationalismen des 19. Jahrhunderts inspiriert ist.

Viele arabischsprachige Christen legen Wert auf die Feststellung, sie seien keine Araber, wohl aber Palästinenser. Streng genommen gelte, so erklärten sie uns, die Bezeichnung „Araber" nur für die Wüstensöhne (und -töchter) von der Arabischen Halbinsel. Maryam betont, ihre Familie stamme wahrscheinlich von getauften Juden ab. Dahinter steckt bei ihr – wie auch bei vielen anderen Christen – die Überzeugung, man repräsentiere eine seit der christlichen Urgemeinde bestehende Kontinuität im Heiligen Land. Wir haben griechisch-orthodoxe Christen getroffen, die sich als Nachkommen der Byzantiner betrachten. Katholiken erzählten uns, sie hätten italienische Vorfahren, die im Zeitalter der Kreuzzüge mit Franziskanern hierher gekommen und heimisch geworden seien.

Viele israelische Juden sagen „Araber", wenn sie Palästinenser meinen. Diejenigen unter ihnen, die politisch rechts stehen, tun das nach unserem Eindruck ganz bewusst. Denn das Wort „Palästinenser" impliziert ja die Existenz eines palästinensischen Volkes, das ein Recht auf Selbstbestimmung hat, auf einen eigenen

Staat. Im linken Teil des politischen Spektrums gibt es dagegen keine Vorbehalte gegen das Wort „Palästinenser" – eben weil es dort auch keine Vorbehalte gegen einen Palästinenserstaat gibt.

Tempelberg: Wir werden hier durchgehend vom „Tempelberg" (hebräisch: *Har ha-Bajit*) sprechen, weil dieser heilige Bezirk einst Standort des herodianischen und zuvor des salomonischen Tempels war. Heute befinden sich dort der islamische Felsendom mit der goldenen Kuppel – weltweit das Wahrzeichen Jerusalems – und die Al Aqsa-Moschee. Dieses Ensemble heißt bei Muslimen *Haram asch-Scharif* („Das edle Heiligtum"); es ist die drittheiligste Stätte des Islam nach Mekka und Medina. Für Juden ist die westliche Stützmauer des Tempelplateaus – besser bekannt als „Klagemauer" – seit rund anderthalb tausend Jahren die wichtigste Pilger- und Gebetsstätte; besonders fromme Juden würden das Tempelplateau selbst nicht aufsuchen, weil sie dort versehentlich den einstigen Ort des Allerheiligsten betreten und damit einen todeswürdigen Frevel begehen könnten.

Wo liegt das Problem? Nach offizieller Lesart der muslimischen Tempelberg-Verwaltung gab es in Jerusalem nie einen jüdischen Tempel. Berühmt wurde die Behauptung von Jassir Arafat gegenüber US-Präsident Clinton bei den Camp-David-Gesprächen im Jahr 2000, Salomons Tempel habe in Nablus gestanden. Als wir einmal mit englischsprachigen Gästen durch die Al-Wad-Straße in der Altstadt gingen und sie auf die Zugänge zum Tempelberg hinwiesen, herrschte uns ein Moslem, der uns zufällig gehört hatte, verärgert an:

„Das war niemals der Tempelberg, das ist der Haram asch-Scharif!"

Aber dem Propheten Mohammed war dieser Bezirk gerade deshalb heilig, weil dort der jüdische Tempel gestanden hatte. Das macht die muslimische Leugnung besonders absurd. Sie ist indes kennzeichnend für ein Phänomen, das wir immer wieder beobachtet haben: Der israelisch-palästinensische Konflikt ist auch ein Krieg der Erzählungen (Narrative). In diesen Erzählungen geht es nicht primär um die historische Wahrheit, sondern um die Legitimierung der eigenen Position.

Im Streit über die Frage, ob einst auf dem Gelände des Haram asch-Scharif der jüdische Tempel stand, stehen die palästinensischen Christen auf jüdischer Seite. Die Aussagen der Evangelien über Jesus und seine Besuche im Jerusalemer Tempel lassen gar keine andere Position zu.

Der jüdische Archipel

Wenn wir Jerusalem als „geteilt" bezeichnen, dann geht es um die politisch-historische Trennlinie, welche die Stadt durchzieht. Richtig komplex wird das Bild, wenn man sich der gesellschaftlichen Wirklichkeit zuwendet. Sie gleicht einem Archipel aus vielen größeren und kleineren Inseln, die nebeneinander existieren. Die Bewohner dieser Inseln wissen mehr oder weniger voneinander. Ihre Wege kreuzen sich zwar ständig, dennoch leben sie – jeder in seinem eigenen Mikrokosmos – aneinander vorbei.

Rund zwei Drittel der Einwohner Jerusalems sind jüdisch. Allerdings ist das jüdische Jerusalem kein monolithischer Block. Es ist in sich fragmentiert. Zwischen strengreligiösen und liberalen Juden herrscht ein versteckter, manchmal auch offener Kulturkampf. Dabei geht es zum Beispiel um Werbeplakate, auf denen Frauen zu sehen sind, um unkoschere Restaurants, die am Schabbát geöffnet sind, oder um Geschlechtertrennung in bestimmten Buslinien (Männer vorn, Frauen hinten).

Die Allgegenwart der Religion unterscheidet das fromme Jerusalem vom säkularen Tel Aviv. Wir haben mehrere Tel Avivis kennengelernt, die uns erklärten, Jerusalem sei so schrecklich bigott, dass sie dort keinen Tag lang leben möchten. Umgekehrt halten viele fromme Jerusalemiten Tel Aviv für einen Sündenpfuhl, den man möglichst meiden sollte. Die Tel Avivis blicken über das Meer nach Westen, die Jerusalemiten über die Judäische Wüste nach Osten – in jene Himmelsrichtung, aus welcher dereinst der Messias kommen wird. Es kursiert der Witz, Israel sei eine Föderation aus zwei Ländern: der Säkularen Republik Tel Aviv und dem Halachischen Gottesstaat Jerusalem. Ganz daneben liegt diese Karikatur nicht.

Viele jüdische Jerusalemiten sind säkular. „Säkular" soll heißen: Sie definieren ihr Judentum ethnisch, kulturell und über die Familientradition. Man trifft sich an jüdischen Festen in der Familie, lässt seine Söhne beschneiden, stellt in der Chanukkah-Woche den neunarmigen Leuchter auf. Dieses Modell ähnelt dem Verhalten säkularer Europäer, die zum Weihnachtsfest einen Tannenbaum schmücken, Familienangehörige nach Hause zum Essen einladen und vielleicht sogar in die Christmette gehen.

Säkulare Juden bezeichnen sich selbst als „nicht religiös". Das scheint eine klare Aussage zu sein, aber bei genauerem Hinsehen ist es nicht mehr ganz so einfach. Wir hatten einmal ein sehr schönes, tiefgründiges Gespräch mit unserer Hebräischlehrerin Gila über diese verwickelte Frage. Gila erklärte uns: „Ich glaube an Gott, ich bete jeden Tag Psalmen – aber ich bin nicht religiös." Wir verstanden sie zunächst nicht: „Wenn du an Gott glaubst und zu ihm betest, dann bist du doch religiös!" Gila insistierte: „Nein, ich bin nicht religiös, denn ich halte nicht den Schabbát und habe auch keine Probleme, unkoschere Speisen zu essen." Dann erzählte sie uns von ihrem letzten Italienurlaub, bei dem sie im Hotel den Frühstücksschinken genossen habe. Für religiöse Juden – einschließlich vieler Angehöriger der liberalen Richtung – ist Schweinefleisch bekanntlich tabu.

Nach einigem Hin und Her verstanden wir, dass das Wort „religiös" nicht nur für Gila, sondern ganz allgemein für israelische Juden eine andere Bedeutung hat als für christliche Europäer. Es bezieht sich nicht so sehr auf innere Glaubensvorgänge als vielmehr auf sichtbares Tun und Lassen, auf Observanz, auf Beachtung von Ge- und Verboten. Natürlich geht es dabei nicht, wie Christen dem orthodoxen Judentum oft unterstellen, um reine Äußerlichkeiten. Observanz ist nämlich Ausdruck einer inneren Haltung. Es stimmt, sie kann zum Selbstzweck verkommen. Doch auch das Christentum ist gegen diese Gefahr nicht gefeit; und aus entgegengesetzter Richtung kommt ebenfalls eine Versuchung – die Reduktion des Religiösen auf reine Innerlichkeit, auf private Seelenregungen ohne Folgen für das irdische Handeln.

Unsere persönlichen Beobachtungen werden durch demoskopische Untersuchungen bestätigt. Im Jahr 2012 veröffentlichte das *Israel Democracy Institute,* ein hoch angesehener Thinktank mit Sitz in Jerusalem, eine ausführliche Untersuchung über Glauben, Observanz und Werte israelischer Juden. Laut dieser Studie – sie trägt den Titel *A Portrait of Israeli Jews* – glauben 80 Prozent der israelischen Juden an die Existenz Gottes. Das ist ein Wert, an den nicht einmal die Vereinigten Staaten, geschweige denn Europa, heranreichen. Gleichzeitig gaben 46 Prozent der Befragten an, die seien säkular. Aus diesen Zahlen folgt eindeutig, dass ein beträchtlicher Teil der Säkularen an Gott glaubt. Unsere Freundin Gila zählt dazu.

Auch die religiösen Juden bilden keinen monolithischen Block. Wir haben bei ihnen verschiedene Grade von Observanz beobachten können. Mitglieder liberaler Gemeinden fahren zum Beispiel am Schabbát mit dem Auto zur Synagoge, wo Männer und Frauen nicht getrennt voneinander sitzen und auch Rabbinerinnen dem Gottesdienst vorstehen können. Sie legen die jüdischen Speisegesetze (hebr. *Kaschrut*), also die Definition von „koscher" und „unkoscher", sehr großzügig aus. Zum liberalen Judentum werden das Reformjudentum und das konservative Judentum gerechnet. Das Adjektiv „konservativ" ist ein wenig missverständlich, denn aus Sicht der jüdischen Orthodoxie sind auch die Anhänger dieser Richtung reformatorisch.

Andere religiöse Juden bezeichnen sich als „modern orthodox" oder einfach nur „orthodox". Vertreter dieser Richtungen haben eine wesentlich strengere Auffassung von dem, was man am Schabbát zu tun und zu lassen hat. Sie halten sich konsequent an die Kaschrut – zum Beispiel an die strikte Trennung von „fleischigen" und „milchigen" Speisen –, haben aber kein Problem damit, als Gäste in einem nicht-koscheren Haushalt bestimmte Speisen zu sich zu nehmen.

Es gehört in Jerusalem zum guten Ton, bei Einladungen zu einem Essen immer auch anzufragen, welche Speisevorschriften man als Gastgeber beachten müsse. Daran haben wir uns sehr schnell gewöhnt. Religion ist in dieser Stadt eben keine Privat- oder gar Intimsache, über die zu sprechen indiskret wäre. Im Gegenteil, sie wird offen kommuniziert. Auf diese Weise erhält man als Zugereister vom ersten Tag an wertvolle Lektionen im Fach „interkulturelle Kompetenz" – ein lebensnaher Lehrstoff, an dem wir viel Freude gehabt haben. Bei jüdisch-orthodoxen Besuchern machten wir mit „milchigen" Menüs – wozu auch Fisch gehören kann – sehr gute Erfahrungen. Was natürlich immer geht, ist ein gemeinsames Essen in einem koscheren Restaurant, von denen es in Jerusalem eine große Auswahl für alle Geschmäcker und Einkommensgruppen gibt.

Avital Ben-Chorin, die Witwe Schalom Ben-Chorins, des deutsch-israelischen Schriftstellers, Religionswissenschaftlers und Protagonisten des christlich-jüdischen Dialogs, erzählte uns einmal, sie und ihr Mann hätten in den 1950er Jahren noch geglaubt, in Israel werde sich die reformjüdische Richtung als Standard gegen die Orthodoxie durchsetzen. Zusammen mit anderen Emigranten hatten die Ben-Chorins 1958 die Jerusalemer Har El-Gemeinde als erste Reformsynagoge Israels gegründet. Israel, so die Überlegung der liberalen Pioniere, sei als moderner säkularer Staat gegründet worden, und das Reformjudentum biete den Bürgern des jungen Gemeinwesens eine theologisch anspruchsvolle und zugleich dem modernen Alltag angepasste Alternative zum orthodoxen Judentum. „Da haben wir uns geirrt", räumt Avital unumwunden ein.

Die allermeisten religiösen Juden in Israel gehören einer orthodoxen Synagoge an, während in den Vereinigten Staaten die liberalen Richtungen zahlenmäßig dominieren. Hinzu kommt, dass das israelische Oberrabbinat fest in orthodoxer Hand ist. Das Gehalt orthodoxer Rabbiner wird vom Religionsministerium finanziert. Liberale Rabbinerinnen und Rabbiner kämpfen für die Gleichstellung ihrer Gemeinden mit den orthodoxen Synagogen – bislang nur mit geringem Erfolg.

Orthodox sind in gewisser Hinsicht sogar viele säkulare Israelis, die schon lange keine Synagoge mehr betreten haben. Ihr Motto scheint zu sein: „Besser gar nichts glauben als falsch glauben." Jitzchak, bekennender Atheist, erklärte uns bei einer Diskussion über dieses Thema: „Ich glaube zwar nicht an Gott, aber ich bin sicher, dass die Orthodoxie die einzig wahre Form des religiösen Judentums ist. Alles andere ist Wischiwaschi." Orthodoxe Rabbiner betrachteten ihn als verlorenen Sohn, den man zurückholen könne. Dagegen seien Reformjuden aus ihrer Sicht vielfach „keine richtigen Juden" mehr – zum Beispiel deshalb, weil manche von ihnen nicht nach den Regeln der Orthodoxie zum Judentum konvertiert sind.

Mit strengreligiösen Juden – so genannten Ultraorthodoxen oder Gottesfürchtigen (hebr. *Haredim*) – hatten wir keinen engeren gesellschaftlichen Kontakt. Die Strengreligiösen mögen das Adjektiv „ultraorthodox" nicht, weil sie es als abfällig empfinden. Viele unserer säkularen und liberalen jüdischen Freunde bezeichnen sie mit abschätzigem Unterton als „Schwarze", denn man erkennt Haredim – Männer und Frauen – an ihrer vorwiegend schwarzen Kleidung.

Die Strengreligiösen ziehen es vor, in zusammenhängenden Wohngebieten zu leben. Das bekannteste unter ihnen ist das Jerusalemer Stadtviertel Mea Schearim. Auf die haredische Existenzweise trifft das Bild von der Insel-Existenz in besonderer Weise zu. Sie haben ein eigenes Schulsystem mit eigenen Lehrplänen. Mädchen und Jungen werden streng getrennt unterrichtet. Die Curricula für Jungen sind auf das Studium jüdischer Schriften – vor allem von Torah, Mischna und Talmud – ausgerichtet. Dieses Studium betreiben sie als Jugendliche und junge Männer in einer so genannten Jeschiwa – und darüber hinaus, oft anstelle eines Berufs, ein ganzes Erwachsenenleben lang.

Rund 65 Prozent der strengreligiösen Männer gehen keiner Erwerbstätigkeit nach. Für ihre Ehefrauen bedeutet dies eine Doppelbelastung: Sie kümmern sich um Haushalt und Kinder – und verdienen in Teilzeitjobs jenen Teil des Familienunterhalts hinzu, der nicht von staatlichen Sozialleistungen abgedeckt wird. Wir haben sie vor allem bei Tätigkeiten angetroffen, die mit einer strengreligiösen Lebensweise ohne Weiteres vereinbar sind: Verkauf von Textilien in jüdisch geführten Geschäften, Sachbearbeitung in Banken, Buchhaltung und EDV.

An dieser Stelle ist eine Klarstellung angebracht: Die Strengreligiösen sind nicht – wie es in Europa oft geschieht – zu verwechseln mit den Nationalreligiösen. Für die allermeisten Strengreligiösen ist die Erlösung Israels kein politisches Projekt, sondern allein Sache des Messias. Im Gegensatz zu den Nationalreligiösen schreiben sie dem Staat Israel keine heilsgeschichtliche Bedeutung zu. Sie betrachten ihn vielmehr als säkulares Gebilde, mit dem man sich pragmatisch arrangieren kann. Viele von ihnen treten offen für eine Zwei-Staaten-Lösung ein.

Und noch eine Anmerkung: Die Welt der Strengreligiösen ist in sich selbst fragmentiert. Wer längere Zeit in Jerusalem lebt, beginnt den Hut- und Kleider-Code zu entziffern, durch den sich die verschiedenen ultraorthodoxen Gruppen sich äußerlich voneinander unterscheiden. Er sieht ein Mosaik aus Großfamilien, die sich um bestimmte Rabbiner scharen. Manche sprechen im Alltag bewusst nur Jiddisch, weil das Hebräische für sie ausschließlich als liturgische Sprache in Betracht kommt. Viele setzen die Traditionen osteuropäischer jüdischer Gemeinden fort, aus denen sie oder ihre Vorfahren stammen. Fast alle Bewohner dieser Ortschaften wurden in der Schoáh ermordet. Nur ganz wenige haben überlebt. Ihre Nachfahren interpretieren den eigenen Kinderreichtum als Triumph des Lebens über das Vernichtungswerk der Nazis.

Muslime, Christen und Expats

Rund ein Drittel der Bewohner Jerusalems sprechen Arabisch als Muttersprache. Viele Europäer und Amerikaner sind der Meinung, dass „arabisch" gleichbedeutend ist mit „muslimisch". Wer mit offenen Augen und Ohren in Jerusalem lebt, dem wird dieser Irrtum schnell ausgetrieben. Von den Arabisch sprechenden Jerusalemiten sind immerhin über 6 Prozent Christen. Manche ausländischen Besucher, die einen Arabisch sprechenden Christen treffen, fragen erstaunt, ob es nicht gefährlich sei, vom Islam zum Christentum zu konvertieren. Eine Antwort darauf lautet: „Unsere Vorfahren waren bereits getauft, als Ihre Vorfahren in Europa noch heidnische Götter anbeteten."

Übrigens wissen auch viele israelisch Juden wenig über die Arabisch sprechenden Christen in ihrer Mitte. So berichtet Jörg Bremer, 18 Jahre lang Israel-Korrespondent der Frankfurter Allgemeinen Zeitung: „Als der säkulare Geschäftsmann Nir Barkat Anfang 2009 seine Einführungsrede als Bürgermeister [von Jerusalem] hielt, kamen darin die Christen in der Stadt nur noch als Touristen vor. Dass es seit Jesu Tod in Jerusalem immer auch Christen gegeben hatte, war Barkat offenbar entfallen."

Wir selbst haben den peinlich-lustigen Fauxpas eines landesweit bekannten israelischen Politikers erlebt, in dessen Kopf die Gleichung „arabisch = muslimisch" offensichtlich fest verankert ist. Er kam zur Amtseinführung des neuen Präsidenten eines traditionsreichen

West-Jerusalemer Clubs, um seine Glückwünsche persönlich zu überbringen. Muttersprache des neuen Vereinsvorsitzenden ist das Arabische. Der hohe Gratulant hob in seiner Ansprache hervor, ein wie schönes Symbol es doch sei, dass gerade in dieser Zeit – das Event fand während des Dritten Gazakriegs statt – ein Moslem die Führung eines Clubs mit vorwiegend jüdischer Mitgliedschaft übernehme. Alle Anwesenden lachten: Der neue Präsident entstammt einer alteingesessenen Familie christlicher Jerusalemiten.

Die meisten „Araber" wohnen in Ost-Jerusalem, nur wenige – zumeist israelische Staatsbürger – in West-Jerusalem. Ausländer, die aus beruflichen Gründen hier leben, heißen „Expats". Es handelt sich um Angehörige von Konsulaten und UNO-Agenturen, Vertreter der Europäischen Union, Mitarbeiter von Nichtregierungsorganisationen und kirchlichen Einrichtungen sowie Medienkorrespondenten. Angeblich konzentrieren sich im Heiligen Land mehr internationale Beratungs- und Hilfsorganisationen als in jeder anderen Weltgegend. In der Regel wohnen Expats, die im Westjordanland arbeiten, in Ost-Jerusalem; Expats mit Aufgaben in Israel zieht es nach West-Jerusalem. Wer auf beiden Seiten der Grünen Linie tätig ist, bevorzugt oft West-Jerusalem wegen der höheren Wohn- und Lebensqualität.

Expats und arabischsprachige Ost-Jerusalemiten genießen das Privileg, ohne Problem – das heißt ohne schriftliche Zustimmung der Israelischen Streitkräfte (IDF) – in die unter palästinensischer Verwaltung stehenden Teile des Westjordanlandes („Zone A") fahren zu können. Auch arabische Israelis haben diese Möglichkeit.

Von Ost-Jerusalemiten haben wir immer wieder großes Lob für das israelische Gesundheitssystem gehört. Sie nehmen seine Leistungen gern in Anspruch. Wer medizinische Hilfe benötigt, erhält sie dort ohne Ansehen der Person. In West-Jerusalemer Krankenhäusern arbeiten jüdische und arabische Ärzte, Krankenschwestern und Pfleger kollegial und erfolgreich zusammen. Nirgendwo im Nahen Osten ist die Gesundheitsversorgung auch nur annähernd so gut; sie übertrifft das Niveau mancher EU-Mitgliedstaaten.

Wahr ist aber auch, dass der Status der Ost-Jerusalemiten von Unsicherheiten geprägt ist. Das für Ost-Jerusalem örtlich zuständige Auslandsbüro der Konrad-Adenauer-Stiftung in Ramallah hat im Oktober 2014 einen ausführlichen Bericht dazu verfasst, in dem es unter anderem heißt: „Palästinenser in Ost-Jerusalem verfügen ... nur über den Status eines ‚permanent resident', der ihnen eine Arbeits- und Aufenthaltsgenehmigung in Israel verleiht. Um staatliche Dienstleistungen zu erhalten, müssen Palästinenser dem israelischen Innenministerium einen Nachweis über ihren dauerhaften Aufenthalt in Ost-Jerusalem erbringen. Bei einem mehr als siebenjährigen Aufenthalt im Ausland kann diese Aufenthaltsgenehmigung entzogen werden. Dies ist bisher in rund 14.000 Fällen geschehen. Zudem ist dieser Aufenthaltsstatus seit dem Jahr 2003 im Falle einer Heirat nicht mehr auf den jeweiligen Partner übertragbar. (...) Kinder aus ‚gemischt palästinensischen' Ehen (Westbank – Jerusalem) erhalten seit dem Jahr 2005 in der Regel nur noch eine befristete einjährige Ost-Jerusalemer Aufenthaltsgenehmigung. Als Folge schätzt die UN, dass bereits im Jahr 2011 im Osten Jerusalems mehr als 10.000 nicht registrierte ‚illegale' Kinder lebten, die über keinerlei Zugang zum staatlichen Bildungs- und Gesundheitssystem verfügten."

Wir wohnten in der jüdischen Hälfte des Stadtteils Abu Tor („Vater des Stiers"), durch den die „Grüne Linie" verläuft und der daher sowohl zu West- als auch zu Ost-Jerusalem gehört. In den frühen Morgenstunden weckten uns die Rufe mehrerer Muezzine, anschließend erklang die Glocke des griechisch-orthodoxen Klosters am Ende der Aminadav-Straße. Je nach Windrichtung drang an Sonn- und Feiertagen auch das Geläut der Dormitio-Benediktinerabtei zu uns. Am späten Freitagnachmittag hörten wir die Schabbát-Sirene, die den nahenden Sonnenuntergang ankündigte und zum Anzünden der Schabbát-Kerzen aufforderte.

Giv'at Hanania („Hügel des Hananias") heißt Abu Tor im Hebräischen, doch auch unsere jüdischen Freunde verwendeten immer nur den arabischen Namen dieses Stadtteils. Vor unserer Haustür war ein schön gestalteter Kinderspielplatz, der abwechselnd von jüdischen und muslimischen Familien genutzt wurde. In gewisser Weise symbolisiert dieser Spielplatz das Nebeneinander in Jerusalem: Manchmal gehört er den muslimischen Familien, manchmal den jüdischen Familien – und zu jeder Zeit den Expat-Familien. Muslimische und jüdische Familien gleichzeitig – das haben wir nur ganz selten beobachtet.

Welchem Rhythmus dieser ständige Wechsel folgt, wurde uns nie ganz klar. Offensichtlich war nur, dass den Muslimen die Vorabende des Schabbát und hoher jüdischer Feiertage gehörten, während jüdische Kinder sich oft am Schabbát und stets am israelischen Unabhängigkeitstag dort tummelten. Die zeitliche Aufteilung der Nutzung öffentlicher Räume – von Spiel- und Bolzplätzen, Brunnen, Parks, Promenaden – im Umfeld der „Grünen Linie" fiel uns auch anderenorts auf.

Mit muslimischen Jerusalemiten hatten wir keinen gesellschaftlichen Umgang, wenn man darunter Einladungen und Gegeneinladungen zum Beisammensein in den eigenen vier Wänden versteht – also Gesten, die eine auf Dauer angelegte private Beziehung herstellen. Entsprechende Gelegenheiten ergaben sich einfach nicht. Muslimische Bekanntschaften fanden wir im beruflichen Umfeld. Diese Muslime waren allerdings nicht repräsentativ, denn sie standen gleichsam von Berufs wegen im ständigen Dialog mit Christen und Juden, kannten das westliche Ausland und beherrschten europäische Sprachen: Hochschullehrer der Al-Quds-Universität, Richter an islamischen Familiengerichten *(Kadi)*, Journalisten. Im Alltagsleben – beim Busfahren, beim Einkaufen, in Restaurants – kamen wir häufig mit Muslimen ins Gespräch. Oft gingen sie auf uns zu. Da wir kein Arabisch sprachen, verständigten wir uns auf Englisch, ganz selten auch einmal mit dem hebräischen Grundwortschatz.

Während die jüdischen Feiertage das Leben in West-Jerusalem prägen, bestimmen die muslimischen Feiertage das Leben in Ost-Jerusalem. Am Jom Kippur (Versöhnungstag), dem höchsten jüdischen Feiertag, sind die jüdischen Stadtviertel für jeglichen Verkehr gesperrt und bilden eine große Fußgängerzone; in den arabischen Stadtvierteln fahren Busse, Autos und Motorräder. Im Ramadan herrscht in den arabischen Stadtvierteln tagsüber eine gedämpfte Atmosphäre; der Verzicht auf jegliche Flüssigkeit mitten im nahöstlichen Sommer muss extrem anstrengend sein. Erst nach Sonnenuntergang, wenn das Fastenbrechen *(Iftar)* beginnt, öffnen muslimisch geführte Cafés und Restaurants ihre Türen. Im muslimischen Viertel der Altstadt herrscht dann eine Art Volksfestatmosphäre; außerhalb des Ramadan ist hier, wie überhaupt in der Altstadt, an Abenden nichts los.

Viele israelische Juden pflegen eine Kultur der Formlosigkeit: Man redet sich sofort mit Vornamen an, trägt das (gern kurzärmelige) Hemd offen und kommt schnell zur Sache, ohne lange Höflichkeitsfloskeln und -rituale. Ganz anders viele arabische Muslime: Sie legen nach unserem Eindruck großen Wert auf äußere Form. In der Befolgung dieser Konventionen (Anrede mit „Sir", „Mister" oder „Missis", Anzug und Krawatte, „Shop Talk" erst nach einem ausführlichen „Small Talk") manifestiert sich der Respekt vor dem Gegenüber.

Bei den arabischsprachigen Christen ist das längst nicht so ausgeprägt – vielleicht auch deshalb, weil bei ihnen der Einfluss westlicher Informalität deutlich stärker ist. Manche christlichen Frauen zeigen sich öffentlich in einer Weise, die für muslimische Frauen undenkbar wäre: mit kurzen Röcken, schulterfreien Kleidern und tiefen Dekolletees. So ist der Dresscode innerhalb des arabischen Sektors ähnlich aussagekräftig wie innerhalb des jüdischen Sektors: Er dient als Unterscheidungs- und Identitätsmerkmal, mit dem sich einzelne Untergruppen demonstrativ voneinander abgrenzen.

Uns fiel auf, dass muslimische Frauen in Jerusalem sehr selbstbewusst auftreten. Sie machen Gebrauch von den Freiheiten, die ihnen der säkulare Staat eröffnet. Mit „säkularem Staat" meinen wir nicht nur israelisch regiertes Territorium, sondern auch autonome Palästinenserstädte wie Bethlehem oder Ramallah, in denen die säkulare Fatah das Sagen hat. Frauen mit Kopftuch am Steuer von Privatautos oder Taxen sind dort kein ungewöhnlicher Anblick. Die islamischen Kleidervorschriften werden in der Praxis vielfach so ausgelegt, dass Kopftuch und knöchellanges Kleid – alles in kräftigen Farben – ein ausgesprochen schickes und harmonische Ensemble bilden. An einem Werktag im Bonner Stadtteil Bad Godesberg, um ein uns geläufiges Beispiel zu nennen, sieht man mehr voll verschleierte Frauen in Schwarz als in Jerusalem während eines ganzen Monats.

Dass Bildung für junge muslimische Frauen ein hohes Gut ist, ist mit Händen zu greifen. Wir haben das nicht nur beim Besuch von Schulen für arabischsprachige Mädchen erfahren – städtischen Einrichtungen und auch der in deutscher katholischer Trägerschaft stehenden Schmidt-Schule (*Schmidt's Girls College* gegenüber dem Damaskus-Tor). Immer wieder beeindruckte uns der Anblick junger muslimische Frauen, die im Bus ganz konzentriert ihre Lehrbücher und Aufzeichnungen studierten. Ein Lehrer der Schmidt-Schule erklärte uns, in der palästinensischen Gesellschaft stehe – im Gegensatz zu den meisten arabischen Ländern – eine gute Bildung ganz oben in der Wertehierarchie. Da dies auch für die jüdische Gesellschaft gelte, könne man darin durchaus einen Beleg für untergründige kulturelle Austauschprozesse zwischen Juden und Arabern im Heiligen Land sehen.

Als Expats nutzten wir gern die Möglichkeit, ungehindert die benachbarten palästinensischen Städte Bethlehem und Ramallah besuchen zu können. Bethlehem lag 75 Minuten Fußweg oder 20 Minuten Busfahrt entfernt von unserer Wohnung, Ramallah knappe 60 Minuten mit dem Bus oder 30 Minuten (wenn es am Checkpoint keinen Stau gab) mit dem Auto. Bethlehem und Ramallah gelten immer noch als christliche Städte, obwohl die Bevölkerungsmehrheit dort längst muslimisch ist. Nach lokalem Recht muss der Bürgermeister von Bethlehem griechisch-orthodoxer oder römisch-katholischer Christ sein.

An einem Schabbát im Fastenmonat Ramadan 2012 machten wir einen Ausflug nach Bethlehem. Es war Anfang August, die Sonne brannte unbarmherzig, und wir hatten ausreichend Wasservorräte in unseren Rucksäcken dabei. In Deutschland hatten wir gehört, dass man während des Ramadan in einer muslimischen Umgebung auf keinen Fall tagsüber öffentlich essen oder trinken dürfe – das sei eine schwere Provokation. Also suchten wir Zuflucht in einem offenbar christlichen Geschäft am Krippenplatz *(Manger Square)*, um dort unseren Durst zu stillen.

Die Ladenbesitzer, die wir später immer wieder besucht haben, hießen sinnigerweise Maria und Josef. Bei ihnen haben wir unsere neue Weihnachtskrippe aus Olivenholz gekauft. Wir erklärten Maria zu Beginn unserer ersten Begegnung, dass wir aus Sorge vor feindseligen muslimischen Reaktionen unser Wasser unter ihrem Dach trinken wollten. Sie antwortete lächelnd: „In dieser Stadt können Sie überall Wasser trinken. Als Christen haben wir das Recht, öffentlich zu zeigen, dass wir keine Muslime sind."

Wir haben immer wieder bestätigt gefunden, dass die einheimischen Christen im Heiligen Land oft zwischen die Fronten geraten. Viele israelische Juden sehen in ihnen „Araber", also (potenzielle) Feinde. Viele muslimische Palästinenser betrachten sie als eine westlich orientierte Minderheit, auf deren Loyalität nicht hundertprozentig Verlass ist.

An Heiligabend 2012 sangen wir mit dem Terra-Sancta-Chor der Franziskaner in der traditionellen Mitternachtsmesse des Lateinischen Patriarchen in Bethlehem. In der ersten Reihe saßen Palästinenserpräsident Abbas und der palästinensische Ministerpräsident Fayyad als Repräsentanten der Obrigkeit. Unser angemeldeter Sonderbus kam am Checkpoint beim Rachel-Grab ohne Probleme durch. Ein israelischer Soldat mit schusssicherer Weste, Maschinengewehr und roter Zipfelmütze stieg kurz in den Bus und verteilte, statt zu kontrollieren, Zellophantüten mit Süßigkeiten.

Die ganze Stadt war wie zu einem großen Volksfest illuminiert. Unsere arabischsprachigen Mitsänger hatten sich palästinensisch gekleidet – Frauen trugen die traditionelle schwarz-rote Festtracht der Palästinenserinnen, Männer hatten ein Palästinensertuch (die schwarz-weiße *Kafiya*) um den Hals gelegt. Ein Ost-Jerusalemer Mitsänger hatte Bedenken, aber er beugte sich dem Gruppendruck. Wir sprachen unsere Ost-Jerusalemer Freundin Maryam auf ihre Tracht an – wir hatten sie noch nie vorher bei Auftritten des Chors so gesehen. Ihre Antwort: „Für uns Christen ist das eine einzigartige Gelegenheit, öffentlich zu zeigen, dass auch wir gute palästinensische Patrioten sind!"

Die Mitternachtsmesse in Bethlehem war, wie uns schnell klar wurde, 2012 ein hochpolitisches Ereignis. Viele palästinensische Christen verknüpften das Fest der Geburt Jesu mit der „Geburt" ihres Staates; so jedenfalls interpretierten sie die Mehrheitsentscheidung der UN-Generalversammlung vom Monat davor (29. November 2012), „Palästina" als „Beobachterstaat" anzuerkennen.

Die Gegenwart
der Vergangenheit

Eines Tages – bereits gegen Ende unserer Zeit in Jerusalem – sprach unsere Nachbarin Chaya uns vor der Haustür an. Wir hatten vom ersten Tag an eine sehr herzliche, unkomplizierte Beziehung zu ihr entwickelt. Diesmal wirkte sie nicht so locker wie sonst, aus ihrer Stimme sprach innere Erregung: „Ihr müsst bald mal zu mir kommen, ich muss euch etwas sagen."

Wenige Tage später saßen wir bei ihr am Wohnzimmertisch. Sie erzählte uns, dass sie nächsten Monat mit Familienangehörigen nach Berlin fahren werde. Dort würden für ihre Berliner Großmutter Anna und ihren Onkel Ernst, die beide unter der Nazi-Herrschaft ermordet wurden, „Stolpersteine" verlegt. Anschließend wolle sie nach Amsterdam weiterreisen. Ihr Onkel Ernst war 1931 dorthin emigriert. Dagegen wanderte sein Bruder Hans – also ihr Vater – ins britische Mandatsgebiet Palästina aus. Großmutter Anna besuchte den Sohn Hans mehrmals nach dem Tod ihres Mannes. Obwohl in Deutschland die Lage für Juden immer schlimmer wurde, ließ sie sich nicht dazu bewegen, bei Hans in Palästina zu bleiben: „Berlin ist mein Zuhause, ich muss doch zurück in meine Wohnung." Doch 1939 floh sie schließlich zu ihrem Sohn Ernst nach Amsterdam. Beide – Anna und Ernst – wurden 1942 von deutschen Schergen nach Auschwitz deportiert und dort ermordet.

Einige Wochen nach ihrer Rückkehr lud Chaya uns

erneut zu sich ein, um über ihre Reise zu berichten. Alles war in liebevoll gestalteten Fotoalben genau dokumentiert. Chaya äußerte sich sehr beeindruckt von den Berliner Bürgerinnen und Bürgern, die die „Stolperstein"-Initiative zum Gedenken an Großmutter Anna und Onkel Ernst ergriffen hatten. Bewegt zeigte sie uns die Fotos vom Besuch am Grab ihres Großvaters auf einem Berliner jüdischen Friedhof. Im Jüdischen Historischen Museum von Amsterdam hatte sie sich den Koffer mit den persönlichen Dokumenten und Hinterlassenschaften von Onkel Ernst zeigen lassen. Entdeckt wurde dieser Koffer nach dem Krieg auf dem Speicher des Hauses, in dem Onkel Ernst und Großmutter Anna bis 1942 gelebt hatten.

Unter den Dokumenten, von denen Chaya Kopien nach Jerusalem mitgebracht hatte, waren mehrere Empfehlungsschreiben niederländischer Firmen. In jedem Brief wurde den deutschen Besatzungsbehörden versichert, Ernst sei für das eigene Unternehmen unersetzlich; er dürfe daher nicht deportiert werden. Da Chaya kaum Deutsch versteht, übersetzten wir einige dieser Texte, die von vergeblicher Hilfsbereitschaft erzählten, für sie ins Englische. Nur *ein* Original hatte Chaya aus Amsterdam mitgebracht: eine kleine Tonvase aus dem Nachlass von Großmutter Anna. Auf alten Familienfotos ist diese Vase im Berliner Wohnzimmer von Chayas Großeltern zu sehen.

Je länger man als Deutscher in Jerusalem – in Israel – lebt, desto mehr solcher Geschichten bekommt man zu hören. Sie werden einem nicht aufgedrängt. Sie werden oft erst dann erzählt, wenn sich ein zwischenmenschliches Vertrauen gebildet hat. Viele Deutsche – vor allem aus der Generation unserer Eltern, die 1945 Jugendliche oder junge Erwachsene waren – haben Angst vor Begegnungen mit Menschen wie Chaya. Zu Unrecht, denn diese Menschen erwarten nur, dass ihre deutschen Zuhörer solche Geschichten einfach an sich heranlassen. Schuldzuweisungen liegen ihnen fern. Deshalb sind trotzige Reaktionen nach dem Motto „Ich persönlich bin nicht verantwortlich, 70 Jahre danach muss endlich Schluss sein!" völlig unangebracht.

Chaya erzählte uns von der Suche nach etwas Verlorenem. Viele jüdische Israelis aus ihrer Generation können von ähnlichen Familienschicksalen berichten. Chaya hat ihre Großmutter und ihren Onkel nie kennengelernt, weil beide ermordet wurden. Ihr eigener Familienzweig hat überlebt, weil die Eltern rechtzeitig nach Mandats-Palästina emigrierten. Jetzt hat sie konkrete Spuren ihrer Großmutter und ihres Onkels. Diese Fundstücke machen das Bild nicht vollständig, aber sie stellen eine symbolische Verbindung zu den Ermordeten her. Die Vase von Großmutter Anna ist nicht mehr nur ein Objekt auf dem Foto, sondern ein realer Gegenstand.

Bevor wir nach Jerusalem kamen, hatten wir zwar schon von den „Stolpersteinen" gehört, aber uns keine Gedanken über ihre Wirkung auf Überlebende und ihre Nachkommen gemacht. Diese Steine mit beschrifteter Messingplatte an der Oberseite werden in Bürgersteige eingelassen. Sie erinnern die Passanten an Nazi-Opfer, die zuletzt in den Wohnhäusern, vor denen der „Stolperstein" verlegt wurde, gelebt haben. Der Künstler Gunter Demnig hat mit dieser Idee eine erstaunliche Bewegung ausgelöst. Mittlerweile gibt es rund 45.000

„Stolpersteine" – in Deutschland, aber auch in anderen europäischen Ländern.

Bemerkenswert ist vor allem, dass diese Idee „von unten" aufgegriffen wird. Vielfach tun sich Nachbarn zu einer Initiative zusammen, nachdem sie erfahren haben, dass einst Nazi-Opfer in ihrem Haus wohnten. Sie unternehmen eigene Recherchen, finanzieren das Projekt und laden Angehörige der Opfer zur Verlegungszeremonie ein. Die „Stolpersteine" zwingen die Passanten zur Konfrontation mit den Verbrechen der NS-Gewaltherrschaft. Dieser primäre Zweck ist offensichtlich. Weniger offensichtlich, aber mindestens ebenso wichtig ist die Bedeutung der „Stolpersteine" als symbolische Brücke zu den Überlebenden und ihren Nachkommen.

Chaya ist eine „Sabra". So lautet die seit den 1930er Jahren verwendete Bezeichnung für Juden, die in Mandats-Palästina, seit 1948 in Israel oder seit 1967 in den Palästinensischen Gebieten geboren wurden und aufgewachsen sind. Der Name verweist auf die Frucht eines in der Wüste gedeihenden Kakteengewächses *(Opuntia)*, deren Eigenart ein hartes Äußeres und ein süßes Inneres ist. Wir haben aber auch Israelis kennengelernt, die in Europa geboren wurden und als Kinder und Jugendliche – vielfach auf abenteuerlichen Wegen – Zuflucht vor der Nazi-Mordmaschinerie in Mandats-Palästina fanden. Sie sind heute zwischen 75 und 95 Jahren alt.

Besonders intensiv waren natürlich unsere Kontakte zu Emigrantinnen und Emigraten aus Deutschland. Sie heißen in Israel „Jeckes" – ein Name, dessen Ursprung nicht ganz klar ist. Eine Erklärung lautet, dass sich die deutschsprachigen Juden im Gegensatz zu ihren hemdsärmeligen oder Kaftan tragenden Landsleuten gemäß bürgerlicher Konvention immer in Jacke und Krawatte zeigten. Ursprünglich war „Jecke" spöttisch gemeint. Heute verwenden die Jeckes oft selbst diese Bezeichnung – mit einer Mischung aus Augenzwinkern und Stolz. Jecke zu sein, gilt auch unter jungen Israelis nicht mehr als *uncool*.

Manche von den Jeckes aus unserem Jerusalemer Bekannten- und Freundeskreis sind in Deutschland bekannt, weil sie nach dem Krieg Verbindung zu ihrer alten Heimat aufnahmen und sich dort für christlich-jüdische und deutsch-israelische Verständigung einsetzten.

Dazu gehört *Avital Ben-Chorin* (geb. 1923 als Erika Fackenheim in Eisenach), Witwe des Schriftstellers und Religionswissenschaftler Schalom Ben-Chorin (geb. 1913 als Fritz Rosenthal in München). Seit 1956 reisten die Eheleute Ben-Chorin immer wieder in die Bundesrepublik, um das Gespräch zwischen Christen und Juden voranzubringen; schon früh organisierten sie deutsch-israelische Jugendbegegnungen.

Intensiven freundschaftlichen Austausch pflegten wir auch mit *Ester Golan* (geb. 1924 als Ursula Dobkowsky in Glogau/Schlesien, gest. 2013 in Jerusalem). Für die „Aktion Sühnezeichen Friedensdienste" war sie eine wichtige Bezugsperson in Israel. In Deutschland sprach sie oft vor jungem Publikum über ihre bewegte Lebensgeschichte.

Werner M. Loval (geb. 1926 als Werner M. Löbl in Bamberg), einer der erfolgreichsten Immobilienunternehmer in Israel, hat seine Erinnerungen in dem schönen, 2010 publizierten Buch „We were Europeans" festgehalten. Der Titel bringt in drei Worten auf den Punkt, was die uns bekannten Jeckes miteinander verbindet: Sie fühlen sich Europa immer noch verbunden – aber das „were" sagt eben auch, dass sie in Israel eine neue Heimat gefunden haben.

Gabriel Bach (geb. 1927 in Halberstadt) hat international einen Namen als stellvertretender Ankläger im Eichmann-Prozess 1961, als Generalstaatsanwalt Israels und als langjähriger Richter am Obersten Gerichtshof in Jerusalem. Wir erlebten ihn unter anderem bei Vortrags- und Diskussionsveranstaltungen in Israel und Deutschland, die einer von uns moderierte. Sehr beeindruckt hat uns auch seine Schwester *Ruth Bach,* einst Sekretärin des legendären, aus Wien eingewanderten Jerusalemer Bürgermeisters Teddy Kollek. In der sehenswerten Fernsehdokumentation „24h Jerusalem" erzählt sie anschaulich und temperamentvoll aus ihrem Leben.

Ester Golan lernten wir über eine gemeinsame deutsche Freundin kennen, die ein halbes Jahr in Jerusalem gelebt hatte, um deutschsprachigen Überlebenden der *Schoáh* (so die in Israel zuallermeist verwendete Bezeichnung für den Holocaust) Gesellschaft zu leisten. Sie besuchte sie und begleitete sie auf Ausflügen. Ester konnte aufgrund ihrer schweren Krankheit, der sie am 7. April 2013 erlag, die eigene Wohnung kaum noch verlassen, so dass wir in der Regel zu ihr gingen. Sie war bis in die letzten Lebensstunden hinein geistig hoch beweglich und stets voller Neugier. Mit ihr konnte man – im wörtlichen wie im übertragenen Sonne –

über Gott und die Welt reden. Am liebsten hatte sie es, wenn wir ihr bei unseren Besuchen ein deutschsprachiges Buch mitbrachten. Sie gab es uns beim nächsten Besuch zurück, zusammen mit einer kurzen Rezension, die sie an ihrem Computer verfasst hatte; der Text diente als Impuls für unser Gespräch.

Mit vielen anderen Jeckes teilte Ester eine tiefe Bindung an deutsche Sprache, Literatur und Musik. Als Anfang 2013 die Gedenkstätte Jad Vaschem eine deutschsprachige Internetseite eröffnete, freute sie sich sehr: „Das war überfällig. Deutsch war ja nicht nur die Sprache der Täter, sondern auch unsere Sprache, die Sprache der Opfer."

Sehr beeindruckt war Ester vom Rücktritt Papst Benedikts XVI. Ende Februar 2013. Wir liehen ihr daraufhin die Erinnerungen „Aus meinem Leben" von Joseph Ratzinger. Das war bei unserem letzten Besuch Mitte März, kurz vor Pessach. Ratzinger gehörte Esters

Die
Pessach~Haggadah.

Generation an, und sie interessierte sich besonders für solche Biographien. Wir erzählten ihr auch, dass wir von Freunden zu einem Sederabend eingeladen worden seien – zu der traditionellen Zeremonie im Familienkreis, bei der des Auszugs der Israeliten aus Ägypten gedacht wird. Ester gab uns eine kleine mündliche Einführung in diese Zeremonie und lieh uns ihr Exemplar der *Haggadah* mit deutscher Übersetzung der hebräischen Texte. In der Haggadah wird die Exodus-Geschichte nacherzählt und in eine abwechslungsreiche Folge von Gebeten, Liedern und symbolischen Handlungen eingefasst.

Kurz nach Pessach verstarb Ester. Wir trafen uns mit einem ihrer Söhne während der *Schiv'a*-Woche (den Tagen der Trauer unmittelbar nach der Beisetzung eines nahen Angehörigen). Er gab uns das Ratzinger-Buch zurück mit der Bemerkung, dies sei das letzte Buch, das seine Mutter gelesen habe; sie sei sehr angetan gewesen. Wir wollen ihm Esters Pessach-Haggadah zurückgeben, aber er schenkte sie uns: „Das ist sicher ganz im Sinne meiner Mutter." Wir bewahren dieses Geschenk als besonders kostbare Erinnerung.

Allen unseren Gästen haben wir einen Besuch von Jad Vaschem ans Herz gelegt. Manche meinten, sie seien über die Schoáh doch schon sehr gut informiert und hätten in Europa bereits viele Gedenkstätten gesehen. Aber wer Israel verstehen will, kommt an Jad Vaschem nicht vorbei. Er geht dort durch eine tief bewegende historische Ausstellung. Architektonisches und museumspädagogisches Konzept der Gedenkstätte sind in beeindruckender Weise aufeinander abgestimmt. Aber das allein macht noch nicht die Einzigartigkeit dieses Ortes aus.

Die wichtigste Mission von Jad Vaschem kommt in den beiden Worten „Jad" (Denkmal) und „Schem" (Name) zum Ausdruck. Sie sind dem Propheten Jesaja (56,5) entnommen: „Ihnen allen errichte ich in meinem

Haus und in meinen Mauern ein *Denkmal,* ich gebe ihnen einen *Namen,* der mehr wert ist als Söhne und Töchter: Einen ewigen Namen gebe ich ihnen, der niemals ausgetilgt wird." Jad Vaschem versucht, jedes einzelne Opfer aus der Anonymität statistischer Zahlen herauszuholen und möglichst vielen individuellen Schicksalen auf die Spur zu kommen. Vier von sechs Millionen Namen sind mittlerweile bekannt; allein zwischen 2001 und 2010 sind anderthalb Millionen hinzugekommen.

Wer viel Zeit mitbringt, sollte unbedingt auch durch das „Tal der Gemeinden" gehen. Es ist eine Art Labyrinth, in dem der Besucher an die Namen von über 5.000 jüdischen Gemeinden in Europa (und sogar Nordafrika) erinnert wird, die durch die Schoáh ausgelöscht wurden. Viele dieser Gemeinden hatten weit über tausend Jahre existiert und das Antlitz Europas mitgeprägt. Nach Auskunft Dov Maimons vom Jerusalemer *Jewish People Policy Institute* lebten Ende des 19. Jahrhunderts rund 90 Prozent der jüdischen Weltbevölkerung in Europa (einschließlich des zaristischen Russlands); Ende des 20. Jahrhunderts waren es nur noch 9 Prozent. Heute sind rund 43 Prozent der jüdischen Weltbevölkerung in Israel beheimatet und rund 40 Prozent in den Vereinigten Staaten von Amerika. Im Tal der Gemeinden wird europäischen Besuchern vor Augen geführt, dass es jüdisches Gemeindeleben überall in ihrer Nachbarschaft gab – nicht nur in großen Städten wie Berlin, Frankfurt am Main oder Köln, sondern auch in ländlichen Kommunen und Kleinstädten wie Hachenburg (Westerwald), Geisa (Thüringen) oder Bollendorf (Eifel).

Jad Vaschem dokumentiert und würdigt nicht zuletzt

den jüdischen Widerstand gegen die Mörder. Dieser Widerstand bezeugt den durch keine Macht der Welt zu brechenden Überlebenswillen des jüdischen Volkes. Seine Darstellung in Jad Vaschem entspricht dem Selbstverständnis des jüdischen Staates. Der Schriftsteller Manès Sperber hat die Staatsräson Israels 1964 in einer sehr einprägsamen Metapher erfasst: „Nein, die Nachfahren der Toten von Belzec, Majdanek und Auschwitz haben nicht mehr das Recht, Lämmer zu sein – es sei denn: Lämmer mit stählernen Gebissen."

Wir haben in Israel von jüdischen Freunden Witze über die Schoáh gehört, bei denen uns das Lachen im Halse stecken blieb. „Geschmacklos!" ist die spontane – aber nicht ausgesprochene – Reaktion des deutschen Zuhörers auf solche Späße. Wenn wir später zu zweit darüber sprachen, entdeckten wir in diesen Witzen jedoch ein Muster: ein Gefühl des Triumphs, dass die Nazis ihren Vernichtungsplan nicht zu Ende hatten führen können.

Dieses Muster entdeckten auch wir bei einem für uns sehr befremdlichen Erlebnis mit israelischen Kommunalpolitikern im KZ Buchenwald. Zunächst beteten an der Stelle, die dem Gedenken an die jüdischen Opfer gewidmet war, unsere israelischen Gäste den Kaddisch, das jüdische Totengebet. Am Ende des Rundgangs betraten wir das Krematorium. Dort ließen sich mehrere Mitglieder der Reisegruppe einzeln oder mit anderen fotografieren, und zwar in einer recht lässig anmutenden Touristenpose vor den Öfen. Das war an einem Freitagnachmittag. Abends in Weimar begrüßten wir alle gemeinsam mit dem Segen über Wein und Brot die Königin Schabbát. Nach dem bedrückenden Besuch in Buchenwald hatte diese Feier etwas unglaublich Befreiendes. Jetzt konnten wir unsere Gäste besser verstehen.

Wir werden jedem widersprechen, der die deutsch-israelische Versöhnungsarbeit als naives „Gutmenschentum" belächelt oder gar den deutschen Akteuren einen masochistischen Drang zur „deutschen Selbstanklage" unterstellt. Während unserer drei Jahre in Jerusalem haben wir keine einzige negative Reaktion erlebt, wenn wir uns als Deutsche zu erkennen gaben. Das wäre vor 50 Jahren, als die Bundesrepublik Deutschland und der Staat Israel diplomatische Beziehungen aufnahmen, undenkbar gewesen. Wir haben davon profitiert, dass unzählige Einzelpersonen und viele private Organisationen auf beiden Seiten unbeirrt den Weg des Dialogs gegangen sind. Dafür sind und bleiben wir dankbar.

Ein anderes Zeitgefühl

Nirgendwo sonst im Heiligen Land lässt sich das Nebeneinander („Miteinander" passt hier nicht) jüdischer, muslimischer, christlicher und israelisch-säkularer Feiertage so intensiv erleben wie in Jerusalem. Am stärksten wird das öffentliche Leben natürlich von den jüdischen und den israelisch-säkularen Feiertagen geprägt.

Zu den größten Umstellungen gehörte für uns die Anpassung an einen neuen Wochen- und Jahresrhythmus. Nach einiger Zeit hatten wir verinnerlicht, dass das jüdische Wochenende am Donnerstagabend beginnt und am Samstagabend endet. In Israel ist der Sonntag – der erste Tag der Woche *(Jom rischón)* – für Juden wie für Muslime ein ganz normaler Werktag. Daher müssen christliche Angestellte jüdisch geführter Unternehmen sonntags arbeiten; für sie gibt es aber passende Gottesdienst-Angebote an Samstag- und Sonntagabenden.

Wer in Jerusalem lebt, sollte auch den besonderen Wochenrhythmus in Ost-Jerusalem und dem Westjordanland kennen: Dort haben der Freitag (wegen der Muslime) und der Sonntag (wegen der Christen) einen herausgehobenen Status; dafür ist der Samstag ein normaler Werk- und Schultag.

Die jüdische Zeitrechnung orientiert sich nicht an der durch das Christentum weltweit verbreiteten Einteilung (v. Chr., engl. B.C., und n. Chr., engl. A.D.), sondern an dem aus biblischen Chroniken errechneten Beginn der Schöpfung. Auf dieser Grundlage datierte der jüdische Weise Hillel II. die Stunde Null auf das Jahr 3761 v. Chr. (Nebenbei bemerkt: Noch in der Mitte des 17. Jahrhunderts kam der anglikanische Theologe James Ussher dank solcher Methoden zu dem Ergebnis, dass der Schöpfer sein Werk rund zweieinhalb Jahrhunderte früher, nämlich am Abend des 22. Oktober 4004 v. Chr. begonnen haben muss.) Nach jüdischer Zeitrechnung kamen wir im Jahr 5771 nach Jerusalem und kehrten im Jahr 5774 zurück.

Für weltliche Zwecke – mit Ausnahme der säkularen Feiertage – wird in Israel die international übliche christliche Zeitrechnung verwendet. Dabei setzt man hinter die Jahreszahlen kein „v. Chr." oder „n. Chr.", sondern ein „BCE" (Before Common Era – „vor allgemeiner Zeitrechnung") oder ein „CE" (Common Era = „allgemeiner Zeitrechnung").

Ebenso wie die religiösen folgen die säkularen Gedenk- und Feiertage in Israel dem jüdischen Kalender. Er orientiert sich an einer Kombination aus Mond- und Sonnenzyklus. Auch der christliche Kalender kennt diese Kombination; nach ihr werden der jährlich wechselnde Ostertag und die davon abgeleiteten Termine (Aschermittwoch, Christi Himmelfahrt, Pfingsten, Fronleichnam) bestimmt. Dagegen richtet sich der Weihnachtstermin allein nach dem Sonnenzyklus. Der islamische Kalender ist ein reiner Mondkalender – unter anderem mit der Folge, dass der Fastenmonat Ramadan jedes Jahr zehn bis elf Tage früher beginnt als im Vorjahr. So „wandert" der Ramadan gleichsam gegen den Uhrzeigersinn durch das Jahr.

Wir Europäer machen uns nicht bewusst, wie sehr unser öffentliches Leben vom Rhythmus der christlichen Woche und des Kirchenjahres geprägt ist. Europa mag sich heute in weiten Teilen als säkularer Kontinent – nicht mehr als „christliches Abendland" – verstehen. Doch auch konfessionslose Europäer betrachten Weihnachten und Ostern ganz selbstverständlich als feste Stationen auf der Zeitachse. Das gilt auch für Tage, deren christlicher Ursprung weitgehend vergessen ist, vor allem für die Karnevalszeit und das oft zum „Vatertag" umdeklarierte Fest Christi Himmelfahrt.

Spätestens wenn man in Jerusalem am 25. Dezember die Leerung der Müllcontainer durch die städtische Müllabfuhr hört, wird man daran erinnert, dass für Juden und Muslime Weihnachten eben kein Feiertag ist. Das ist eine hilfreiche Erfahrung. Sie lässt uns nachfühlen, was Juden und Muslime empfinden, wenn in Europa an ihren Hochfesten Werktagsstimmung herrscht.

Der jüdische Donnerstagabend in Israel entspricht einem gewöhnlichen Freitagabend in Europa: Man geht aus – ins Kino, ins Theater, ins Restaurant, zu Freunden – und genießt die Aussicht, am Morgen danach etwas länger schlafen zu können. Doch sollte, wer in West-Jerusalem noch Besorgungen machen möchte, am Freitag nicht zu lange in den Federn bleiben: Gegen 15.00 Uhr schließen die allermeisten Geschäfte und Supermärkte; wenig später stellen die israelischen Busse und Bahnen ihren Betrieb bis nach Sonnenuntergang am Samstag ein.

Der Individualverkehr geht spürbar zurück. Innerhalb kurzer Zeit – einer Stunde vielleicht – legt sich über West-Jerusalem eine wunderbare Schabbátruhe.

Auch in vorwiegend säkularen Städten wie Tel Aviv und Haifa wird es stiller. Anders als in Jerusalem und Tel Aviv geht der öffentliche Personennahverkehr in Haifa allerdings eingeschränkt weiter; Haifa gilt mit seinem arabischen Bevölkerungsanteil von rund 10 Prozent als „mixed city". Wer am Freitagabend gern in die Disco gehen oder ein israelisches Restaurant besuchen möchte, sollte sich, wenn er auf öffentliche Verkehrsmittel angewiesen ist, am frühen Freitagnachmittag aus West-Jerusalem in eine säkulare Stadt absetzen. Zwar bleiben auch in West-Jerusalem unkoschere israelische Restaurants geöffnet; aber die Auswahl ist nicht sehr groß.

Nach jüdischer Zeiteinteilung beginnt jeder Tag mit dem Sonnenuntergang am Vorabend. Der Torah zufolge ist das seit Erschaffung der Welt so. Gleich im ersten Kapitel des Buches Genesis lesen wir nämlich: „Es wurde Abend und es wurde Morgen: erster Tag." Am siebten Tag, dem Schabbát, „ruhte Gott, nachdem er das ganze Werk der Schöpfung vollendet hatte".

Wir haben den jüdischen Abend-Morgen-Rhythmus schätzen gelernt, weil er den Beginn und das Ende eines Tages erlebbar macht und so ein neues, intensives Zeitgefühl erzeugt. Der Anbruch eines neuen Tages um Mitternacht lässt sich ja nur an der Uhr ablesen; er ist kein Naturereignis, das die Zeit als Teil des Schöpfungswerks ausweist. Im Süden – zwischen dem 32. und dem 31. Breitengrad, um genau zu sein – kommt noch etwas hinzu: Hier ist die abendliche Ankunft des neuen Tages ein besonders prägnanter Vorgang, denn der Wechsel von der Helligkeit zur Dunkelheit läuft sehr viel schneller ab als in den nördlichen Breiten Europas.

Ungefähr eine Stunde vor Sonnenuntergang am Freitagabend ertönt die Schabbátsirene (im Sommer später, im Winter früher) und ruft die observanten Juden dazu auf, die letzten Vorkehrungen für den Ruhetag zu treffen und danach jede Arbeit sein zu lassen. In der räumlichen Sphäre kennen wir die Unterscheidung zwischen heiligem Bezirk und profaner Außenwelt. Der Schabbát zieht eine solche Grenzlinie in der zeitlichen Dimension: Jenseits der Schwelle, die durch den Sonnenuntergang markiert wird, beginnt eine heilige Zeit. Es ist keine Freizeit, deren Zweck darin besteht, sich zu zerstreuen oder Dinge zu erledigen, die während der Arbeitswoche liegen geblieben sind.

Während des Schabbát – so erklärte uns ein Rabbiner aus der Nachbarschaft – soll der Mensch alles Gott überlassen und möglichst nicht in Gottes Schöpfungswerk eingreifen. Die Akribie, mit der fromme Juden das Schabbátgebot in all seinen Verästelungen auslegen, wirkt von außen oft kleinkariert. Bei genauerem Hinsehen stellt man aber fest, dass diese Liebe zum Detail tiefe theologische Wurzeln hat. „Wer den Schabbát versteht, hat viel vom Judentum verstanden," sagte uns ein anderer Rabbiner, bei dem wir zum Schabbátmahl am Freitagabend eingeladen waren.

Im Hebräischen ist das grammatische Geschlecht von „Schabbát" weiblich, und einer alten Tradition gemäß wird dieser Tag als königliche „Braut Israels" begrüßt. Wir haben die Begrüßung *(Kabbalát Schabbát)* oft in Synagogen mitgefeiert – vor allem in der orthodoxen Großen Synagoge in der King George Street, bei der man sich nicht vorher anzumelden braucht, und in der reformierten Har-El-Synagoge.

Höhepunkt der Begrüßungsliturgie ist das Lied „Lecha Dodi" („Auf, mein Freund") mit dem Refrain „Auf, mein Freund, der Braut entgegen, lasst uns die Schabbát begrüßen." Vor der letzten Strophe dreht sich die Gemeinde zum Eingang um und verneigt sich vor der imaginären Prinzessin Schabbát, die in diesem Augenblick den Raum betritt.

Einem Freund, der aus Deutschland bei uns zu Besuch war, bescherte dieser Brauch ein unvergessliches Erlebnis: Er kam etwas zu spät zur Freitagabendliturgie, weil wir ihm nicht die richtige Uhrzeit genannt hatten. Daher betrat er den Versammlungsraum der Großen Synagoge genau in dem Moment, als sich rund 200 Männer zum Eingang wandten und die rituelle Verbeugung machten. Unser Freund war erschrocken. Damit hatte er nun wirklich nicht gerechnet. Ohnehin war er ein wenig verunsichert, weil er noch nie einen Synagogengottesdienst besucht hatte. Das erklärt seine spontane Reaktion: Er erwiderte die Verbeugung, von der er nicht wusste, ob sie ihm galt, indem er sich selbst vor der Gemeinde verneigte.

Einer ebenfalls aus Deutschland kommenden Freundin verdanken wir den Hinweis auf Heinrich Heines Gedicht „Prinzessin Sabbath". Sie hatte mit uns die Freitagabendliturgie in der Har-El-Synagoge besucht und sagte uns danach, jetzt erst verstehe sie dieses Gedicht, dessen Bildsprache ihr bislang nicht zugänglich war:

„Lecho Daudi Likras Kalle –
Komm, Geliebter, deiner harret
Schon die Braut, die dir entschleiert
Ihr verschämtes Angesicht!

Dieses hübsche Hochzeitcarmen
Ist gedichtet von dem großen,
Hochberühmten Minnesinger
Don Jehuda ben Halevy.

In dem Liede wird gefeiert
Die Vermählung Israels
Mit der Frau Prinzessin Sabbath,
Die man nennt die stille Fürstin."

Ein anderer deutscher Gast machte die treffende Beobachtung, das Lied „Lecha Dodi" (oder „Lecho Daudi", wie es bei Heine heißt) erinnere an gewisse For-
men katholischer Marienfrömmigkeit. Aus der mysti-
schen Dichtung von Juden und Christen kennen wir
die Übertragung von Bildern weltlicher Erotik in Bilder
der Sehnsucht nach Vereinigung mit dem Göttlichen.
Das Hohelied, ein sehr weltliches Liebesgedicht, hat
den Weg in die Bibel gefunden und wird von vielen als
großes Bild der leidenschaftlichen Liebe Gottes zu seinem Volk gelesen. Bei manchen islamischen Mystikern
ist die körperliche Vereinigung sogar mehr als eine
bloße Metapher; sie gilt ihnen als eine Form realer
Gotteserfahrung.

Der jüdischen Metapher von der „Braut Israels" entspricht das christliche Bild von der Kirche als „Braut
Christi". In den christlichen Versen an „Unsere liebe
Frau" klingen die Stimmen der mittelalterlichen Trou-
badoure nach. Sie wenden sich an eine hohe Dame,
um deren Gunst sie flehen. Heine hat also Recht, wenn
er den Dichter von „Lecha Dodi" als „Minnesinger"
bezeichnet. Allerdings stammt der Text nicht von

Jehuda ben Halevy (11. Jahrhundert), sondern vom jüdischen Mystiker Schlomo ben Moses Halevi Alkabez, der wie die christlichen Mystiker Teresa von Ávila, Johannes vom Kreuz und Jakob Böhme im 16. Jahrhundert gelebt hat.

Die hohen Feiertage im Herbst

Der jüdische Jahreskreis beginnt an *Rosch ha-Schana,* dem jüdischen Neujahrsfest. Dieses Fest fällt – von Jahr zu Jahr verschieden – auf einen Tag zwischen dem 5. September und dem 5. Oktober. Der erste Jahreswechsel, den wir miterlebten – von 5771 auf 5772 –, fand am 29. September 2011 statt. Wir erhielten Karten und E-Mails mit Wünschen für ein „gutes und süßes Jahr" *(Schana tova u'metuka!).* Allgegenwärtige Symbole des Jahreswechsels sind Granatäpfel und Honig – zwei Köstlichkeiten, die man zu diesem Anlass nicht nur als bildliche Darstellung sieht, sondern in vielen kulinarischen Variationen auch mit dem Gaumen genießen kann.

Das Neujahrsfest ist der Auftakt zu einem ganzen Feiermonat, der außer *Rosch ha-Schana* den Buß- und Versöhnungstag *Jom Kippur,* das Laubhüttenfest *Sukkot* und das Fest der Torah-Freude *Simchat Torah* umfasst. Da man in Europa von alledem wenig weiß, hatten wir oft Probleme damit, Delegationen davon abzubringen, dienstliche Israel-Reisen auf die Zeit der hohen Feiertage zu terminieren. Touristen und Pilger sollten sich darauf einstellen, dass an einigen dieser Tage das öffentliche Leben stillsteht. Man muss sich das so vorstellen, als plane man eine Deutschlandreise für die Zeit vom 24. Dezember bis zum 6. Januar.

An Rosch ha-Schana schließen sich die „Zehn Tage der Umkehr" an – eine Zeit der Besinnung und Gewissenserforschung. Das sonst so hektische Leben scheint ruhiger zu werden. Man bemüht sich, mit seinen Mitmenschen ins Reine zu kommen, Fehler des vergangenen Jahres zu korrigieren und unerledigte Verpflichtungen abzutragen. Wir haben es ganz praktisch in der Form erlebt, dass jüdische Freunde uns in dieser Zeit Bücher oder DVDs, die wir ihnen geliehen hatten, zurückgaben. Die Tageszeitungen – auch linksliberal-säkulare Blätter wie *Haaretz* – sind voll von nachdenklichen Kommentaren, in denen eine kritische Bilanz des vergangenen Jahres gezogen und die Notwendigkeit von Kurskorrekturen für die Zukunft erörtert wird.

Man wünscht einander einen guten Abschluss für den Eintrag im Buch des Lebens *(Gmar chatimah tova!)*. Zwar werden die Menschen bereits an Rosch ha-Schana in dieses Buch „eingeschrieben", aber „besiegelt" wird das göttliche Urteil über jeden einzelnen erst an Jom Kippur. Man hat nach dem Neujahrsfest also noch ein paar Tage Zeit, einen schlechten in einen guten Eintrag zu verwandeln. Kurz vor Jom Kippur wünscht man einander ein leichtes Fasten *(Tsom kal!)*, denn an diesem Tag nehmen auch Juden liberaler Observanz 25 Stunden lang – beginnend vor Sonnenuntergang am Vortag und endend nach Sonnenuntergang am Feiertag selbst – keine Speisen und Getränke zu sich.

Der Buß- und Versöhnungstag *Jom Kippur* ist das höchste jüdische Fest. Es ist der Tag, an dem die gegen Gott begangenen Sünden getilgt werden. In ganz Israel – einschließlich der jüdischen Viertel von Jerusalem – kommt der Verkehr fast vollständig zum Erliegen. Die

Polizei trägt ihren Teil dazu bei, indem sie am Vorabend wichtige Straßen durch Sperrgitter blockiert. Das Nebeneinander der Welten in Jerusalem lässt sich gut studieren, wenn man an Jom Kippur auf offener Straße durch das in absoluter Stille verharrende West-Jerusalem spaziert und dann in den Ostteil der Stadt kommt, wo geschäftiges Alltagstreiben herrscht.

Wir können uns jetzt gut vorstellen, wie unvorbereitet es die Menschen hier traf, als Ägypten und Syrien an Jom Kippur 1973 (6. Oktober) ihren Überraschungsangriff auf Israel starteten. Der „Jom-Kippur-Krieg" weckt in Israel heute noch traumatische Erinnerungen. Er brachte das Land ernsthaft in Bedrängnis, forderte tausende von Toten und Verwundeten und erschütterte nachhaltig den Glauben an die Unbesiegbarkeit der israelischen Streitkräfte.

Im Jahr 2013, als sich der Beginn dieses Krieges zum 40. Mal jährte, waren die Medien voll von selbstkritischer Reflexion – ganz im Geiste der „Zehn Tage der Umkehr". So erklärte der ehemalige Generalstabschef Mosche Ja'alon, seit März 2013 Verteidigungsminister im Kabinett Netanjahu III, dass zu den Ursachen für die Beinahe-Katastrophe von 1973 „übertriebenes Selbstvertrauen, Überheblichkeit, Selbstgefälligkeit und Sorglosigkeit" auf israelischer Seite gehört hätten.

Bei unserem ersten Jom Kippur wollten wir es besonders gut machen. Wir planten einen Gang zur Klagemauer und zogen uns fein an. Zu unserem Outfit gehörten auch Lederschuhe. Viele Passantinnen und Passanten waren in festliches Weiß gekleidet – ein Symbol der Reinheit (Jesaja 1.18: „Wären eure Sünden auch rot wie Scharlach, sie sollen weiß werden wie

Schnee. Wären sie rot wie Purpur, sie sollen weiß werden wie Wolle.") Zur feinen Garderobe schien allerdings nicht zu passen, dass sie allesamt Leinen- oder Gummischuhe trugen. Erst später fanden wir heraus, dass man an Jom Kippur keine Lederschuhe trägt. Dieser Brauch stammt aus einer Zeit, als solches Schuhwerk als Luxus galt, der nicht zu einem Tag der Buße passt. Der Geist des Fastens verlangt darüber hinaus den Verzicht auf Bäder, Kosmetika und ehelichen Verkehr. Eine zweite Erklärung für diese Traditionen besagt, dass die Menschen durch die Versöhnung mit Gott zu Engeln werden; Engel haben nun einmal keine physischen Bedürfnisse.

Fünf Tage nach Jom Kippur beginnt *Sukkot,* das Laubhüttenfest. Es ist vom Ursprung her ein Erntedankfest, das zugleich an die Wüstenwanderung der Israeliten beim Auszug aus Ägypten erinnert. So wie die Israeliten damals in provisorischen Laubhütten (*Sukkot,* Singular: *Sukkah*) lebten, verbringen observante Juden heute einen großen Teil der sieben Festtage unter dem licht- und regendurchlässigen Dach ihrer Sukkah. Sie nehmen dort alle Mahlzeiten ein; viele schlafen auch in dieser Behausung.

Während das Laubhüttenfest in der Diaspora nur von wenigen Juden mit allem Drum und Dran begangen wird, prägt es in Israel eine Woche lang das Leben in Familie und Öffentlichkeit. Die Balkone sind so ausgelegt, dass man dort bequem eine Sukkah errichten kann; die entsprechenden Materialien sind nach Jom Kippur in allen Bau- und Supermärkten sowie in Haushaltsgeschäften zu kaufen. Man lädt Familie und

Freunde zum Mittag- und Abendessen oder einfach zum geselligen Beisammensein in seine Sukkah ein. Kinder lieben Sukkot. Girlanden und bunte Lichterketten verbreiten eine fröhliche Atmosphäre. Jedes Restaurant, das auf sein Koscher-Zertifikat Wert legt, stellt seine Tische im Freien (Bürgersteig, Innenhof) auf. Auf diese Weise können auch Pilger und Touristen etwas von dem besonderen Flair dieses Festes mitbekommen.

„Mit Sukkot kommt der Regen", hört man in Israel sagen – und oft trifft dieser Kalenderspruch auch zu. Nach einem langen und trockenen Sommer verheißen die ersten Regenwolken eine wahre Wohltat. Beim Mittagessen in seiner Sukkah erklärte uns ein befreundetes Ehepaar aus der Nachbarschaft, was es mit den Palm-, Weiden- und Myrtenzweigen sowie der Zitrusfrucht *Etrog* auf sich hat, die fromme Juden während des Laubhüttenfestes beim Gang zur Synagoge mit sich führen. Die drei Zweige werden gebündelt und in die rechte Hand genommen; mit der linken Hand hält man die Etrog-Frucht. Zusammen sollen diese vier Gegenstände die Vielfalt und Einheit des jüdischen Volkes symbolisieren. Beim Gebet wird das Bündel geschüttelt und dabei in sechs Richtungen (Süd, Nord, Ost, oben, unten, West) gehalten. Dabei entsteht ein Geräusch, das an das Prasseln eines Regengusses erinnert. Unser Gastgeber meinte lächelnd, das Ganze wirke auf ihn wie ein urtümlicher Regenzauber, und vielleicht sei dieser Ritus – den er selbstverständlich mitmacht – ja tatsächlich heidnischen Ursprungs.

Mehr noch als Laubhütten gehören Zelte zum Inventar des israelisch-jüdischen Nationalmythos. Auch für viele säkulare Juden symbolisieren sie in romantisch anmutender Verklärung die Tugenden der Vorfahren, die durch die Wüste wanderten: Genügsamkeit, Zähigkeit, Bodennähe und egalitäre Gesinnung. Als sich im Sommer 2011 eine große, landesweite Protestbewegung gegen die ungleiche Lastenverteilung in der israelischen Gesellschaft bildete, errichteten die Demonstranten mancherorts ganze Zeltlager. Erkennbar gerührt sprach der Schriftsteller Amoz Oz vom „herzerwärmenden Anblick der Zeltstädte, die sich in Israels Städten ausbreiten". Sie stünden für „eine wunderbare Wiederbelebung von gegenseitiger Brüderlichkeit und Engagement". Die Protestzelte sind schon seit langem verschwunden – aber die ungleiche Lastenverteilung ist geblieben.

An *Simchat Torah*, dem Fest der Torah-Freude, werden der letzte und der erste Abschnitt der Torah – also der Fünf Bücher Mose – in der Synagoge vorgetragen. Damit beginnt ein neues Lesejahr. „Im Anfang" *(Bere-*

schit) heißt das Erste Buch Mose im Hebräischen, „Worte" (Devarim) das Fünfte Buch Mose, denn es beginnt mit dem Satz „Das sind die Worte, die Mose vor ganz Israel gesprochen hat". Der letzte Abschnitt lautet: „Niemals wieder ist in Israel ein Prophet wie Mose aufgetreten. Ihn hat der Herr Auge in Auge berufen. Keiner ist ihm vergleichbar, wegen all der Zeichen und Wunder, die er in Ägypten im Auftrag des Herrn am Pharao, an seinem ganzen Hof und an seinem ganzen Land getan hat, wegen all der Beweise seiner starken Hand und wegen all der Furcht erregenden und großen Taten, die Mose vor den Augen von ganz Israel vollbracht hat."

Als eigenständiger Feiertag ist Simchat Torah im Gegensatz zu den vorangehenden hohen Feiertagen nicht biblischen Ursprungs. Dieser Tag wurde Teil des jüdischen Festkalenders, als sich im Mittelalter der Jahreszyklus für die gottesdienstliche Lesung der Torah etablierte. Christliche Theologie hat einen unversöhnlichen Gegensatz zwischen „Gesetz" (Torah) und „Gnade" konstruiert, der aus jüdischer Sicht unverständlich, ja absurd ist. Am Fest der Torah-Freude ruft die Gemeinde mehrfach „Erlöse uns, bitte!" (Hoshiah na!). Aus diesem Ruf ist das christliche „Hosanna!" geworden.

Bei Kindern erfreut sich auch Simchat Torah großer Beliebtheit. Während des Vorabendgottesdienstes werden die Torahrollen aus dem Torahschrank der Synagoge herausgenommen und in einer fröhlichen Prozession mit Gesang und Tanz erst durch die Synagoge, oft aber auch durch benachbarte Straßen und Plätze getragen. Am nächsten Morgen wird dieses Ritual wiederholt.

Wir haben im Jüdischen Viertel der Altstadt solchen Prozessionen mehrfach zugeschaut. Der Sohn eines befreundeten Ehepaars aus Deutschland wurde – wie bei einer Polonaise – in die Reihen der Tanzenden hineingezogen. Ein mulmiges Gefühl hatten wir, als wir eine kleine Prozession sahen, die vom Vorplatz der Klagemauer aus unter Polizeischutz tief ins Muslimische Viertel vorgedrungen war und vor dem Österreichischen Hospiz, wo Via Dolorosa und Al Wad-Straße sich kreuzen, sang und tanzte. Das wirkte auf uns wie eine politische Demonstration im Gewand einer religiösen Handlung. Äußerlich ruhig und teilnahmslos standen die arabischen Händler vor ihren Geschäften.

Weihnukkah

Auch das *Chanukkah*-Fest ist nicht in der hebräischen Bibel verankert. Es erinnert vielmehr an ein gesichertes historisches Datum, nämlich den Makkabäeraufstand gegen die hellenistische Seleukidenherrschaft und die Wiedereinweihung des Zweiten Tempels nach der Rückeroberung Jerusalems 164 v. Chr. Über diese Ereignisse wird in den zwei Makkabäerbüchern berichtet. Bei diesen Büchern handelt es sich nicht – jedenfalls nicht primär – um religiöse Literatur, sondern um Werke der nationalen Geschichtsschreibung.

Das hebräische Original ist verloren gegangen. Juden und Christen kennen die Makkabäerbücher heute nur deshalb, weil ihre griechische Übersetzung von der jungen Kirche in den Kanon des Alten Testaments aufgenommen wurde. Die frühen Christen litten unter den Verfolgungen durch die Römer. Deshalb waren die Märtyrergeschichten aus der Zeit des Makkabäeraufstandes von besonderem Interesse für sie. Heute gelten die Makkabäerbücher nur noch bei Katholiken und Orthodoxen als Teil des Alten Testaments. In der evangelischen Kirche werden sie als apokryphe, also außerkanonische Schriften betrachtet.

Im Mittelpunkt der Chanukkah-Erzählung steht der kampfesmutige und siegreiche Freiheitskämpfer Judas Makkabäus (*Jehuda ha-Makkabi*), dessen Beiname vom aramäischen Wort *Makkaba* (Hammer) abgeleitet ist, entspricht dem modernen Ideal des „Muskeljudentums" (ein vom Zionisten Max Nordau geprägter Begriff). So wurde Judas Makkabäus Namensgeber für viele israelische Sportvereine, zum Beispiel Maccabi Tel Aviv oder Maccabi Haifa. Aus dem gleichen Grunde hat das Chanukkah-Fest in Israel nicht nur eine spirituelle Dimension; es trägt zugleich – nach unserem Eindruck sogar zunehmend – nationalreligiöse und daher politische Züge.

Chanukkah fällt als bewegliches Fest zwischen Ende November und Ende Dezember mitten in die christliche Advents- und Weihnachtszeit. Es ist in ähnlicher Weise von Lichtsymbolik geprägt. In deren Mittelpunkt steht die *Chanukkiah,* ein neunarmiger Leuchter, der nicht zu verwechseln ist mit der siebenarmigen *Menorah.* Wer es ganz traditionell liebt, nimmt keine Kerzen oder elektrischen Lichter, sondern Öllämpchen. Eines der Lämpchen ist der „Diener" *(Schamasch)*: Es wird zum Entzünden der übrigen acht Lämpchen verwendet. Am ersten Chanukkah-Abend wird das erste dieser acht Lichter entzündet – und so geht es Abend für Abend weiter, bis am Ende alle neun (genauer: acht plus eins) Lichter brennen. Dieses Ritual erinnert ein bisschen an das sukzessive Anzünden der vier Kerzen des Adventskranzes.

Zu den schönsten Erlebnissen unserer Zeit in Jerusalem gehörten die Spaziergänge kurz nach Sonnenuntergang während der Chanukkah-Woche durch das Jüdische Viertel der Altstadt. Wir schauten zu, wie die Väter mit ihren Kindern ans Fenster oder vor die Haustür traten und die Lämpchen anzündeten. Die engen, dunklen Gassen waren stimmungsvoll erleuchtet. Außerhalb der Altstadt erwartete uns eine wahre Lichterflut: Elektrische Chanukkah-Leuchter und Lichterketten, die um Bäume gewickelt und über Straßen gespannt waren. Das alles erinnerte uns an vorweihnachtlich geschmückte Städte in Deutschland.

Unsere Freundin Ester erzählte uns während der Chanukkah-Woche 2012 aus ihrer Kindheit in Glogau (Schlesien), dass ihre Familie immer eine Chanukkiah ins Fenster gestellt habe. Die christlichen Nachbarn seien gekommen, um ein frohes Fest zu wünschen. An Weihnachten habe ihre Familie diese Wünsche erwidert. Irgendwann – es muss Ende 1933 gewesen sein – hätten ihre Eltern die Chanukkiah nicht mehr öffentlich gezeigt, aus Angst vor behördlichen Repressalien und braunen Steinewerfern. Viele gute Jahre des friedlichen Miteinanders jüdischer und christlicher Nachbarn gingen jäh zu Ende.

Es gibt gute Gründe zu vermuten, dass die Lichterseligkeit von Chanukkah auf jahrhundertelange christliche Einflüsse in der Diaspora zurückgeht. In seinem Buch „Wie es sich christelt, so jüdelt es sich" liefert der englische Rabbiner Michael Hilton überzeugende Argumente für diese These. Indirekt bestätigt wird er durch Proteste strengreligiöser israelischer Rabbiner, die das Übermaß an öffentlichen Lichtinstallationen während der Chanukkah-Woche als eine Nachahmung vorweihnachtlicher Beleuchtung – und damit heidnischer Rituale – verurteilen.

Das mag übertrieben sein. Allerdings fällt auf, dass die Stadtverwaltung von Jerusalem alle Symbole meidet, die dem Brauchtum christlich geprägter Länder zugeordnet werden könnten – zum Beispiel Weihnachtsmänner, Rentiere und Sterne. In einem jüdischen Hotel, das sein Koscher-Zertifikat nicht verlieren will, wird man in der Empfangshalle nie Weihnachtsdekoration finden. Im Jahr 2012 gab es Ärger, als die Stadt einen Weihnachtsbaum vor dem Jaffa-Tor aufstellen ließ; für einige Ultraorthodoxe war das offenbar ein unerträglicher Anblick.

Vor 1933 sprach man in Deutschland von „Wiehnukkah", um die Verschmelzung des jüdischen und des christlichen Lichterfestes in vielen deutsch-jüdischen Familien zu kennzeichnen. Ein Gabentisch und ein schön geschmückter Weihnachtsbaum gehörten selbstverständlich dazu. Heute steht europäische und amerikanische Weihnachtsromantik bei vielen säkularen und liberal-religiösen israelischen Juden hoch im Kurs. Am 24. Dezember strömen sie nachmittags ins YMCA gegenüber dem King David-Hotel, um sich *Christmas carols* anzuhören. Abends gehen sie in die evangelische Erlöserkirche oder die katholische Dormi-

tio-Abtei, um sich deutsche Weihnachtslieder mit Orgelbegleitung anzuhören und die Tannenbäume zu bewundern.

Wen es nach Advents- und Weihnachtsstimmung verlangt, der findet sie vor allem in Ost-Jerusalem an Orten christlicher Präsenz. Besonders aktiv sind Lutheraner, Anglikaner und römische Katholiken (die hier in Abgrenzung von den griechischen Katholiken „Lateiner" heißen). Im Lauf des Advents wird das Christliche Viertel der Altstadt immer bunter: überall blinkende Lichterketten in allen Farben, Rentiersilhouetten, Plastik-Christbäume mit glitzerndem Kunstschnee und glänzenden Kugeln. Aus den kleinen Läden ertönt westliche „Jingle Bells"-Musik. Der heilige Nikolaus, weiland Bischof von Myra, ist nach einem Ausflug an den Nordpol als rot gewandeter Santa Claus in den Nahen Osten zurückgekehrt. Seine vielen Klone erzeugen bei manchen eine Art „Santaclaustrophobia" – so ein Graffito, das die Nahostkorrespondentin Andrea Krogmann einmal entdeckte.

Am Samstag vor dem ersten Advent gibt es den legendären Weihnachtsbasar in den Gemeinderäumen und dem Kreuzgang der evangelischen Erlöserkirche im Christlichen Viertel. Hier treffen sich europäische Expats aus Israel und den Palästinensischen Gebieten, säkulare israelische Juden und christliche Araber. Man bekommt dort (fast) alles, was anderswo nicht erhältlich ist: Adventskränze, rote Kerzen, Weihnachtskarten – und sogar Schweinebratwürstchen vom Grill.

Damit Weihnachten nicht ganz in eine Nische verbannt wird, taten sich 2013 erstmals lokale christliche

Organisationen und Privatleute aller Konfessionen zusammen, um auf einem Gebäudedach im Christlichen Viertel einen riesigen, auch außerhalb der Altstadt weithin sichtbaren Weihnachtsbaum aufzustellen. Sein Standort liegt in der Nähe des Neuen Tors, an einem der höchsten Punkte der Altstadt. Wie der Weihnachtsbaum auf dem Krippenplatz in Bethlehem handelt es sich um ein kegelförmiges Gestell, das mit unzähligen Lichtern, roten und weißen Kugeln und Tannengrün verkleidet ist.

Am feierlichen Entzünden der Lichter im Dezember 2013 nahmen auch Vertreter der Palästinensischen Autonomiebehörde teil, darunter der palästinensische „Gouverneur von Jerusalem". Wieder einmal zeigte sich, wie schwer es in dieser Stadt ist, Religiöses und Politisches voneinander zu trennen. So ist denn der Weihnachtsbaum am Neuen Tor auch ein Protest gegen jüdische Monopolansprüche auf Jerusalem. Beim Gang über die Stadtmauer fanden wir in der Nähe seines Standorts – auf Höhe der katholischen Kustodie des Heiligen Landes (*Custodia Terrae Sanctae*) – dieses nationalreligiöse Graffito: „NIEMALS! Gott versprach dieses Land nicht Rom, sondern gab die ‚Terra Sancta' dem jüdischen Volk!!"

Im Dezember 2012 verbrachten wir die Weihnachtstage zusammen mit unseren erwachsenen Kindern in Jerusalem. Eine aus Olivenholz geschnitzte Krippe hatten wir schon im Sommer in Bethlehem besorgt. Jetzt ging es nur noch darum, an einen Weihnachtsbaum zu kommen. Uns wurde eine Adresse im judäischen Bergland genannt; an ganz bestimmten Tagen könne man dort geeignete Nadelbäume kaufen. Das war uns ein bisschen zu kompliziert. Deshalb fragten wir die Borromäerinnen vom Deutschen Pilgerhospiz St. Charles in unserer Nachbarschaft, woher sie ihre vielen Weihnachtsbäume bezögen. Sie versprachen, uns einen zu beschaffen – als Geschenk für die ganze Familie.

Drei Tage vor Heiligabend trugen unsere beiden Söhne das gute Stück von St. Charles in unsere Wohnung. Sie brachten eine zartgrüne Zypresse mit weichen, schuppenförmigen Nadeln mit. Den geschmückten Baum präsentierten wir am 23. Dezember bei Kaffee und Kuchen jüdischen Freunden, die neugierig danach gefragt hatten und unbedingt deutsche Advents- und Weihnachtslieder hören und mitsingen wollten. Das „Tochter Zion, freue dich" *(See the conqu'ring hero comes)* aus dem Oratorium *Judas Maccabaeus* von Georg Friedrich Händel stiftete jüdisch-christliche Gemeinsamkeit, indem es an das zurückliegende Chanukkah-Fest erinnerte. Wir alle hatten viel Freude – in unserer Wohnung herrschte tatsächlich so etwas wie Weihnukkah-Stimmung.

An Heiligabend teilte sich unsere Familie auf. Einige schlossen sich einer dreißigköpfigen Gruppe deutscher Volontäre an, die eine Wanderung zu den Hirtenfeldern bei Bethlehem unternahmen – unter Führung des Franziskanerpaters Gregor Geiger, der am Jerusalemer Zweig der *Pontificia Universitas Antonianum* Althebräisch lehrt. Er hielt auf den Hirtenfeldern die Mitternachtsmette. Der andere Teil – wir selbst und einer unserer Söhne – fuhren im Bus mit dem Terra-Sancta-Chor nach Bethlehem zur Mitternachtsmette des Lateinischen Patriarchen in der Katharinenkirche.

Eine satirische und zugleich tiefsinnige Betrachtung über das das Verhältnis von Chanukkah und Weihnachten stammt von dem 1934 im KZ Oranienburg ermordeten deutsch-jüdischen Schriftsteller Erich Mühsam. Sein Gedicht ist „Heilige Nacht" überschrieben:

„Geboren ward zu Bethlehem
ein Kindlein aus dem Stamme Sem.
Und ist es auch schon lange her,
seit's in der Krippe lag,
so freun sich doch die Menschen sehr
bis auf den heutigen Tag.
Minister und Agrarier,
Bourgeois und Proletarier –
es feiert jeder Arier
zu gleicher Zeit und überall
die Christgeburt im Rindviehstall.
(Das Volk allein, dem es geschah,
das feiert lieber Chanukah.)"

Oben: Ein Vater zündet im Beisein seiner Kinder das vierte Chanukkah-Licht vor der Haustür an.

Unten: Letzter Chanukkah-Tag, alle Lichter sind entzündet

Die ganz andere Nacht

Das Judentum kennt drei in der Torah verankerte Wallfahrtsfeste, die zugleich Erntedankfeste sind: das Laubhüttenfest *Sukkot* im Herbst, *Pessach* zu Beginn und das Wochenfest *Schawuót* gegen Ende des Frühlings. Während Sukkot keine christliche Entsprechung hat, korrespondieren Ostern mit Pessach und Pfingsten mit Schawuót. Eine Spur zum jüdischen Ursprung von Pfingsten liegt im Namen des Festes selbst. Er geht zurück auf das griechische Wort für 50 *(pentékonta)*. Die Zahl 50 verweist auf den Abstand von 49 plus 1 Tagen (nämlich sieben Wochen à sieben Tage plus ein Tag) zwischen Pessach und Schawuót sowie zwischen Ostern und Pfingsten. Der „Pfingsttag", den die Apostelgeschichte (Apg 2,1) als Tag des Pfingstereignisses nennt, ist nichts anderes als der Tag des Wochenfestes Schawuót.

Die Pessach- und Osterzeit liegen nahe beieinander und überschneiden sich oft. Dabei ist zu beachten, dass West- und Ostkirchen nicht immer am selben Sonntag Ostern feiern. Grund hierfür sind die verschiedenen Kalender: Den Ostertermin berechnen die Westkirchen nach dem gregorianischen, die Ostkirchen nach dem julianischen Kalender. Im Jahr 2014 erlebten wir, dass die Pessach- sowie die west- wie ostkirchlichen Kar- und Ostertage übereinstimmten. Die Stadt war voll von jüdischen und christlichen Pilgern. Alle Hotels und Herbergen waren schon ein Jahr im Voraus ausgebucht. Nach unserem Eindruck war bei den Christen die Zahl der ostkirchlichen Gläubigen – vor allem der Russisch-Orthodoxen – größer als die der Westkirchler.

Im Alltag ist die Ankunft von Pessach unter anderem daran zu erkennen, dass einige Tage vor dem Fest aus den Regalen der israelischen Lebensmittelläden und Supermärkte alle Produkte verschwinden, die fermentiertes Getreide (Dinkel, Gerste, Hafer, Roggen, Weizen) enthalten. Wo dies nicht möglich ist oder zu großen Aufwand erfordert, werden die entsprechenden Regale während der Pessachwoche mit Planen abgedeckt. Den religiösen Vorschriften zufolge ist Getreide bereits dann fermentiert, wenn es länger als 18 Minuten mit Wasser in Berührung war. Deshalb müssen die für Pessach typischen, wie großes Knäckebrot aussehenden Matzen in weniger als 18 Minuten – vom Mischen des Mehls mit Wasser bis zum Ende des Backvorgangs – fertiggestellt sein.

Pessach heißt sowohl in der Hebräischen Bibel als auch im Neuen Testament „Fest der ungesäuerten Brote". Aber es geht beim Verbot des Besitzes und Konsums von Gesäuertem *(Chametz)* nicht bloß um Brot. Auch Pizza, Pasta oder Kekse – kurzum, alle Lebensmittel, die fermentiertes Getreide enthalten – sind nicht „koscher für Pessach" *(koscher le-Pessach)*. Das gilt auch für zwei beliebte Getränke, die aus gegorener Gerste hergestellt werden: Bier und Whisky. Bei abgepackten Produkten und auf Flaschen gibt der Stempel „koscher le-Pessach" dem Käufer die Gewissheit, dass er diese Lebensmittel während der Festzeit in seinem Haus aufbewahren und verzehren darf. Aus Kartoffeln gebrannter Wodka gehört beispielsweise dazu.

מפאת קדושת חג הפסח
מבקשים לא לאכול
חמץ ברובע היהודי !

نرجو عدم أكل حاميتس في
الحي اليهودي لقدسية عيد الفصح

Please refrain from eating "hametz"
(bread and other leavened foods)
in the Jewish Quarter during Passover
Thank You!

In religiösen Haushalten gehört zur Vorbereitung auf Pessach, dass alles *Chametz* aufgespürt und aus den eigenen vier Wänden entfernt wird. Wenn es sich einrichten lässt, parkt man Nudelpakete, Whiskyflaschen und dergleichen bei säkularen oder nichtjüdischen Nachbarn. Kinder lieben es, zusammen mit ihren Eltern nach verstecktem *Chametz* zu suchen. Wir haben zugeschaut, wie ultraorthodoxe Väter im Jüdischen Viertel der Altstadt am Tag vor Pessach getrocknete Brotreste öffentlich verbrannten, während eine fröhliche und aufgeregte Kinderschar um das Feuerchen herumsprang.

Rachel, eine jüdische Freundin, erzählte uns, dass bei dieser Gelegenheit gleich auch großer Frühjahrsputz gemacht werde. Sie liebe diese intensive Vorbereitung auf das Fest. Das sei nicht nur ein äußerlicher Vorgang, sondern es fördere auch die innere Einstimmung. Ruthi hingegen verbringt Pessach in koscheren Hotels, weil ihr das Herrichten einer für Pessach tauglichen Wohnung zu aufwändig ist; schon ihre Eltern hätten aus diesem Grund die Pessach-Tage stets auswärts verbracht.

Wenn nach Sonnenuntergang der erste Pessach-Tag beginnt, versammeln sich jüdische Familien mit Freunden und Nachbarn zum Sederabend, kurz *Seder,* der traditionellen Pessachfeier mit festlichem Mahl. Der Sederabend wird nicht nur in religiösen, sondern auch in vielen säkularen Haushalten gefeiert. Überall auf der Welt gedenken Juden in dieser Nacht des Auszugs der Israeliten aus Ägypten. Für säkulare Juden, denen die religiöse Dimension von Pessach nichts bedeutet, ist die Exodus-Erzählung Teil der eigenen Nationalgeschichte.

Sowohl bei religiösen als auch bei säkularen Familien sind nichtjüdische Gäste willkommen. Im Jahr 2013 waren wir eingeladen, einen Sederabend mitzufeiern. Drei Generationen – Großeltern, Eltern und Enkel – saßen an einem festlich gedeckten Tisch. Jeder hatte eine *Haggadah* dabei. Dieses Buch führt mit erzählenden Abschnitten, Kommentaren, Gebeten, Liedern und Regieanweisungen durch die sinnreich ausgestaltete Feier. Es gibt eine Vielzahl von *Haggadot* (Pl. von Haggadah), in denen unterschiedliche lokale Traditionen festgehalten sind; aber die Grundstruktur ist überall gleich. Ein Zweig unserer Gastgeberfamilie stammte aus Nordafrika. Einige Angehörige hatten daher eine Haggadah mit jüdischen Gebeten in arabischer Sprache mitgebracht.

Zwei Schlüsselsätze der Haggadah lauten: „Nicht nur

einer erhob sich gegen uns, um uns auszulöschen, sondern in jeder Generation erheben sich welche gegen uns, um uns zu vernichten." Und: „In jeder Generation ist jeder verpflichtet sich vorzustellen, er sei selbst aus Ägypten ausgezogen." Zu den festen Bestandteilen der Zeremonie gehört, dass das jüngste Mitglied der Tischgesellschaft fragt: „Warum ist diese Nacht *(ha-Leila haseh)* so ganz anders als die übrigen Nächte?"

Um die Identifikation der Runde mit den alten Israeliten zu unterstützen, werden das Leid der Sklaverei und die Entbehrungen des Exodus durch eine Vielzahl symbolischer Speisen sinnlich erfahrbar gemacht: Das Salzwasser schmeckt wie Tränen; Bitterkräuter erinnern an die Bitterkeit der Knechtschaft in Ägypten; eine Paste aus Äpfeln, Nüssen, Datteln und anderen Zutaten symbolisiert den Ton, aus dem die Israeliten Ziegel für den Pharao brennen mussten; ein gekochtes Ei steht für die Zerbrechlichkeit der irdischen Dinge; Matzen erinnern daran, dass die Israeliten keine Zeit hatten, bei der Vorbereitung auf ihre Flucht gesäuertes Brot zu backen.

Nach dem Festmahl wird das *Hallel* (Psalmen 113-118 und 136) gebetet. „Hallel" heißt „preisen"; das hebräische „Hallelu-Jáh" (Preiset Gott) wird auch in der christlichen Liturgie, vor allem an Ostern, verwendet. Wir wollen hier nicht Position beziehen in der umstrittenen Frage, ob das letzte Abendmahl Jesu mit seinen Jüngern ein Sederabend war. Wir haben jedenfalls den Eindruck mitgenommen, dass die Liturgie der Osternacht wichtige Elemente der nächtlichen Pessachfeier übernimmt. Die Lesung der Exodus-Geschichte gehört dazu. In den mehrfach wiederholten Worten

„Dies ist die Nacht" des Exsultet klingt das mehrfach wiederholte *ha-Leila ha-seh* deutlich erkennbar nach.

Gegen Ende des Sederabends heißt es „Nächstes Jahr in Jerusalem!" *(Le-Schaná haba'á be-Jeruschalájim!).* Wir haben uns natürlich gefragt, ob dieser Ausspruch auch dann gilt, wenn man schon in Jerusalem ist. Darauf erhielten wir zur Antwort, dass mit „Jerusalem" nicht die gegenwärtige Stadt gemeint ist, sondern die Hauptstadt des künftigen Königreichs Israel, das der Messias zusammen mit dem Tempel wiedererrichten wird. Für fromme Juden ist diese endzeitliche Hoffnung nicht mit der Gründung des Staates Israel gegenstandslos geworden.

Von mehreren jüdischen Gesprächspartnern haben wir im Lauf unserer drei Jahre in Jerusalem gehört, die meisten jüdischen Feste hätten folgende Grundstruktur. „Sie wollten uns umbringen. Sie haben es nicht geschafft. Jetzt lasst uns feiern!" Wie auch immer – der Sederabend, den wir miterleben durften, war ausgesprochen fröhlich. Kinder und Erwachsene hatten gleichermaßen Freude. Wir fühlten uns als nichtjüdische Gäste voll einbezogen und werden uns immer gern an diese Nacht erinnern, „die ganz anders ist als die übrigen Nächte".

Geteilte Erinnerung

In den Zeitraum April/Mai fallen der „Tag des Gedenkens an Schoáh und Heldentum" *(Jom ha-Schoáh)*, der „Tag des Gedenkens an die gefallenen israelischen Soldaten und Opfer des Terrorismus" *(Jom ha-Zikarón)* und der Unabhängigkeitstag *(Jom ha-Atzma'ut)*. In dieser Reihenfolge erzählen die drei Tage eine Geschichte, die das Selbstverständnis und die Staatsräson Israels reflektiert.

Zwischen Jom ha-Schoáh und Jom ha-Zikaron liegt genau eine Woche. An beiden Tagen ertönen vormittags im ganzen Land für zwei Minuten die Sirenen. Alle Fahrzeuge halten an. Die Fahrer steigen aus und bleiben reglos auf der Straße stehen. Kein Fußgänger geht weiter. Am Arbeitsplatz ruht für zwei Minuten die Arbeit. In diesen Augenblicken manifestiert sich auf sehr bewegende Weise das kollektive Bewusstsein einer Nation, die sich als Schicksalsgemeinschaft von Überlebenden begreift.

Von diesem Bewusstsein zeugen auch die israelischen Flaggen, die manche Fahrer bereits am Jom ha-Schoáh an ihrem Auto befestigen. Die Zahl der blau-weißen Fahnen mit dem Davidstern nimmt am Jom ha-Zikarón deutlich zu. Am Jom ha-Atzma'ut schließlich wehen so viele israelische Flaggen an Autos und Häusern, dass ein unkundiger Betrachter den Eindruck haben könnte, Israel habe gerade die Fußballweltmeisterschaft gewonnen.

Am Abend des 18. April 2012 nahmen wir an der offiziellen Gedenkfeier zum *Jom ha-Schoáh* am Platz des Warschauer Ghettos in Jad Vaschem teil. Bewegende Höhepunkte (wie in jedem Jahr) waren das Entzünden von sechs Fackeln für sechs Millionen ermordete Juden durch sechs Überlebende der Schoáh und das zum Gedenken an die Toten gesprochene Kaddisch-Gebet.

In den Wochen davor hatte es eine intensive öffentliche Debatte über einen Präventivschlag der israelischen Luftwaffe gegen das iranische Nuklearprogramm gegeben. Der Iran galt und gilt als einer der Hauptfeinde Israels. Dafür werden zwei Gründe genannt: zum einen die iranische Unterstützung von Terrororganisationen wie der libanesisch-schiitischen Hisbollah, zum anderen das öffentliche Eintreten iranischer Führer – von Ajatollah Ali Khamenei bis zum früheren Staatspräsidenten Mahmud Ahmadinedschad – für die Auslöschung Israels.

Immer wieder stellte Ahmadinedschad den Holocaust als eine Erfindung dar, mit der die „Verbrechen des Zionismus" legitimiert werden sollen. Damit vertrat er eine Vorstellung, die in der muslimischen Welt weit verbreitet ist. Eine populäre Variante dieser These leugnet zwar nicht die Schoáh, behauptet jedoch, sie sei das Resultat eines planvollen Zusammenspiels zwischen der zionistischen Bewegung und Nazi-Deutschland gewesen. Gemäß ihrer Absprache mit der Jewish Agency hätten die Nazis einen so starken Verfolgungsdruck erzeugt, dass den europäischen Juden als letzte Möglichkeit nur noch die Emigration ins britische Mandatsgebiet Palästina geblieben sei. Zu unserem Erschrecken haben wir ein Echo dieser Verschwörungstheorie auch aus dem Mund von palästinensischen Christen gehört.

Die Rede von Ministerpräsident Netanjahu zum Jom ha-Schoáh 2012 war ausgesprochen kämpferisch. Aus Deutschland hatten wir die Vorstellung mitgebracht, dass bei solchen Gedenkveranstaltungen leise, nachdenkliche Töne dominieren. Wir hatten erwartet, dass im Mittelpunkt der Hauptrede drei Aspekte gleichgewichtig nebeneinander stehen: Trauer um die Toten, Verurteilung des Verbrechens und die Frage nach den Lehren für Gegenwart und Zukunft. Netanjahu sprach fast ausschließlich über die Lehren – und dabei widmete er sich fast ausschließlich der iranischen Bedrohung.

Sein „Nie wieder!" besagte: Einen zweiten Holocaust wird es deshalb nicht geben, weil heute der Staat Israel das jüdische Volk gegen seine Todfeinde verteidigt. Gegenwärtig sitzen unsere Todfeinde vor allem im Iran. Deshalb müssen wir bereit sein, ihnen die Mordwerkzeuge aus der Hand zu schlagen. Zur Not müssen wir es allein machen, denn wir können nicht darauf vertrauen, dass die Welt dem Iran in den Arm fallen wird. Wahrscheinlich wird sie, wie schon in den 1940er Jahren, bloß zuschauen.

An jedem Jom ha-Schoáh während unserer Zeit in Jerusalem wurde diese Staatsräson – Israel kann sich bei der Verteidigung seiner Existenz zu hundert Prozent nur auf sich selber verlassen – mehr oder weniger deutlich bekräftigt. Die meisten jüdischen Freude, mit denen wir darüber sprachen, sagten uns, nach ihrem Eindruck nähmen seit einigen Jahren tagesaktuelle politische Themen in der Gedenkrhetorik zum Jom ha-Schoáh immer mehr Raum ein.

Auch am *Jom ha-Zikarón,* dem Tag des Gedenkens an die gefallenen israelischen Soldaten und Opfer des Terrorismus, stehen die Themen „Bedrohung und Selbstverteidigung des jüdischen Volkes" im Vordergrund. Dennoch hat er, wie eine Freundin uns erklärte, einen intimeren Charakter als der Jom ha-Schoáh. Zum Auftakt findet am Abend eine zentrale Gedenkveranstaltung auf dem Platz vor der Klagemauer statt. Aber für die Angehörigen viel wichtiger sind die vielen lokalen Gedenkstunden während des Tages im ganzen Land. Es gibt praktisch keine israelisch-jüdische Familie, die nicht den Verlust eines gefallenen oder durch Terror getöteten Angehörigen zu beklagen hätte.

Vom Balkon unserer Wohnung aus konnten wir jedes Jahr eine lokale Gedenkveranstaltung miterleben: Nachdem um 20.00 Uhr landesweit die Sirenen eine Minute ertönt waren, um den Beginn des Gedenkens zu signalisieren, wurde im benachbarten Jugendzentrum die israelische Flagge auf halbmast gesetzt. Wir hörten, wie jemand vor einem Publikum von rund 60 bis 80 Personen – mehrheitlich jungen Leuten in Uniform – eine Ansprache hielt. Am Ende sangen alle zu Musik aus dem Lautsprecher das Lied „Die Hoffnung" *(Ha-Tikva),* also die israelische Nationalhymne. Deren Text lautet verkürzt: „Solange noch im Herzen eine jüdische Seele wohnt ..., solange ist unsere Hoffnung nicht verloren, ... ein freies Volk zu sein ... im Lande Zion und in Jerusalem!"

Besonders bewegt hat uns die Geschichte von Joav, der während der Zweiten Intifada verantwortlicher Offizier an einer Grenzstation war. Eines Tages rief ein Wachsoldat ihn an: Der Metalldetektor habe gerade bei einer palästinensischen Frau angeschlagen. Sie erkläre das so: Ihr sei vor einiger Zeit ein metallenes Hüftgelenk eingesetzt worden sei. Jetzt könne sie wieder zur Arbeit gehen. Joav überprüfte diese Geschichte, indem er beim Arbeitgeber anrief. Der bestätigte, dass sich die Frau vor ein paar Monaten wegen einer Hüftoperation krank gemeldet habe und jetzt zurückerwartet werde. Daraufhin gab Joav dem Wachsoldaten telefonisch grünes Licht.

Wenige Sekunden später sah er die Explosion: Die Frau hatte ihren Sprengstoffgürtel gezündet und riss drei Wachsoldaten in den Tod. „Ich bin immer noch nicht darüber hinweg", sagte Joav sichtlich erregt. „Als damaliger Vorgesetzter gehe ich an jedem Jom ha-Zikarón zur Trauerfeier für meine drei Leute. Die Eltern eines der Wachsoldaten werfen mir bis heute vor, ich sei schuld am Tod ihres Jungen. In den Nächten vor der Gedenkfeier kriege ich kein Auge zu."

Joav erzählte diese Geschichte während einer heftigen Diskussion mit Palästinensern, die sich über zu häufige Leibesvisitationen durch israelische Grenzposten beklagten: „Ich kann euren Ärger verstehen. Aber ich habe mir damals geschworen, dass mir so etwas nie wieder passiert. Lieber eine Leibesvisitation zu viel als zu wenig."

Der Jom ha-Zikarón und geht nahtlos über in den Unabhängigkeitstag *Jom ha-Atzma'ut*. Nach Sonnenuntergang werden die israelischen Flaggen, die einen Tag lang auf Halbmast hingen, wieder gehisst. Die israelisch-jüdische Bevölkerung legt den Schalter von Trauer auf Fröhlichkeit um. Es herrscht eine ausgelassene Stimmung, die beim Feuerwerk nach der offiziellen Auftaktzeremonie auf dem Jerusalemer Herzlberg einen ersten Höhepunkt erreicht. Unsere Freundin Ruth hatte uns auf diesen abrupten Wechsel vorbereitet: „Ich finde diesen schnellen Übergang vom Tag der Trauer zum Tag der Freude kaum erträglich. Am Jom ha-Zikarón bin ich – wie die meisten anderen – niedergedrückt. Dann soll ich auf Knopfdruck fröhlich sein. Ich schaffe es emotional einfach nicht, mich so schnell umzustellen."

Orthodoxe Bekannte erklärten uns, der Unabhängigkeitstag sei für sie der einzige Feiertag, an dem sie nicht die strengen Verhaltensregeln für religiöse Feiertage (die den Schabbát-Vorschriften entsprechen) beachten müssen: Sie können mit dem Auto Ausflüge machen, im eigenen Garten oder in einer öffentlichen Grünanlage grillen oder Kinos und Restaurants besuchen. Entsprechend bunt ist das Treiben auf Straßen und Plätzen, in Parks und Museen von Jerusalem.

Über den Jom ha-Atzma'ut gibt es sonst nicht viel Spezifisches zu berichten – sein Programm gleicht dem Ablauf von Nationalfeiertagen in anderen demokratischen Ländern. So symbolisiert er die Erfüllung des alten zionistischen Traums, dass Juden wie alle anderen Nationen ein Recht auf Selbstbestimmung und einen eigenen Staat haben.

Es gibt allerdings einen wesentlichen Unterschied: Während Nationalfeiertage in anderen demokratischen Ländern inklusiv sind, ist der Jom ha-Atzma'ut exklusiv. Er wird von den meisten israelischen Arabern – also rund einem Fünftel der Bürgerinnen und Bürger des Staates Israel – nicht mitgefeiert. Er ist nicht *ihr* Nationalfeiertag.

Jüdische Israelis und arabische Israelis haben überhaupt keinen gemeinsamen Feiertag. Wir sprachen darüber mit unserem holländischen Freund Frank, der in einer palästinensischen Einrichtung für Behinderte arbeitet, aber in Jerusalem lebt. Einer von uns meinte, vielleicht könnten Juden und Araber sich auf einen Feiertag einigen, der völlig unpolitisch und daher unumstritten sei – zum Beispiel auf ein gemeinsames „Avocado-Fest". Frank kommentierte diesen nicht ganz ernst gemeinten Vorschlag mit der Bemerkung: „Das bringt nichts. Dann werden sich Juden und Araber jedes Jahr darüber streiten, wer die besseren Avocados anbaut." Leider hat Frank recht.

Nach allem, was wir gehört haben, war das Abgrenzungsbedürfnis auf der israelisch-arabischen gegenüber der israelisch-jüdischen Seite früher nicht so ausgeprägt wie heute. Dafür gibt es verschiedene Ursachen. Eine davon ist die Verschärfung anti-arabischer Ausgrenzungsrhetorik auf der rechten Seite des israelisch-jüdischen Politikspektrums. Ein anderer Grund ist, dass seit den 1990er Jahren immer mehr israelische Araber den Tag der „Nakba" als Anti-Unabhängigkeitstag begehen. „Nakba" ist das arabische Wort für Katastrophe – ob es bewusst als Gegenstück zu „Schoáh", dem hebräischen Wort für Katastrophe, gewählt wurde, konnte uns niemand sagen. „Nakba" bezeichnet das kollektive palästinensische Trauma von Flucht und Vertreibung aus dem Gebiet des jungen Staates Israel während des Unabhängigkeitskrieges

1948/49. Damals waren es über 700.000 Menschen, von denen noch bis zu 50.000 leben. Weil gemäß Definition des „Hilfswerks der Vereinten Nationen für Palästina-Flüchtlinge im Nahen Osten" (UNWRA) der Flüchtlingsstatus erblich ist, ist die Zahl der „Nakba"-Opfer nach zwei bis drei Generationen auf heute über vier Millionen Menschen angestiegen.

Im Jahr 1998 proklamierte Palästinenserführer Jassir Arafat den 15. Mai – also den israelischen Unabhängigkeitstag nach gregorianischem Kalender – offiziell als „Nakba-Tag".

Da wir in West-Jerusalem lebten, bekamen wir von palästinensischen Protestaktionen und Demonstrationen an den Nakba-Tagen 2012, 2013 und 2014 nichts mit. Allerdings waren die Zeitung tags darauf voll mit Berichten über solche Vorfälle und Ereignisse – nicht nur in Ost-Jerusalem, sondern auch an israelischen Checkpoints zum Westjordanland, im zentralisraelischen „Dreieck" (*Meschulasch*) bei Umm al-Fahm und in Galiläa.

Ende März 2011, kurz vor unserer Ankunft in Israel, hatte die Knesset, mit 37:25 (von insgesamt 120) Stimmen das so genannte Nakba-Gesetz verabschiedet. Es ermächtigt den israelischen Finanzminister, staatliche Mittel für Nichtregierungsorganisationen, die Veranstaltungen zum Gedenken an die Nakba abhalten, zu kürzen. Anfang 2012 wies das Oberste Gericht eine dagegen erhobene Verfassungsbeschwerde ab mit der Begründung, es gebe (noch) keine Anhaltspunkte dafür, dass dieses Gesetz tatsächlich zu Mittelkürzungen führe. Geklagt hatte unter anderem ein angesehenes griechisch-orthodoxes Gymnasium für arabischsprachige Schüler in Haifa.

Das getrennte Gedenken – hier Jom ha-Atzma'ut, dort Nakba-Tag – ist symptomatisch für ein Grundproblem, vielleicht sogar *das* fundamentale Problem des israelisch-palästinensischen Verhältnisses: Von rühmlichen Ausnahmen abgesehen, ist keine der beiden Seiten bereit, die kollektiven Traumata der anderen Seite öffentlich anzuerkennen. Oft werden diese Traumata nicht einmal zur Kenntnis genommen. In vielen Gesprächen mit Israelis und Palästinensern haben wir immer wieder die gleichen Einwände gehört: „Was die anderen erzählen, ist eine Geschichtslüge; zumindest ist es maßlos übertrieben." – „Wir haben doch auch gelitten!" – „Unser Leid war viel schlimmer!"

Die Methode der Aufrechnung hat gleichsam amtlichen Charakter. Der Nakba-Tag ist die palästinensische Antwort auf den Jom ha-Atzma'ut. Seit Kurzem gibt es auf israelischer Seite den Tag des Gedenkens an Flucht und Vertreibung von rund 850.000 Juden aus arabischen und muslimischen Ländern nach der israelischen Unabhängigkeitserklärung 1948. Er wird seit 2014 begangen und ist auf den 30. November festgesetzt. Wer etwas über die Vorgeschichte der „Jüdischen Nakba" erfahren will, dem sei Eli Amirs Roman „Der Taubenzüchter von Bagdad" ans Herz gelegt.

Deutsche geraten im Konflikt israelischer und palästinensischer Narrative schnell zwischen die Fronten. Als wir einmal mit Jabrail, einem arabischsprachigen Christen aus Ost-Jerusalem, auf der Fahrt nach Ein Kerem an Jad Vaschem vorbeikamen, sagte er uns: „Ich werde nie dorthin gehen. Da wird einem doch nur gezeigt, dass allein die Juden Opfer sind. Aber wir sind auch Opfer." Ein Vertreter der Palästinensischen Autonomiebehörde erklärte uns am Rande einer Tagung: „Ihr Deutschen seid mitverantwortlich für unser Unglück. Ohne euch wären nie so viele Juden nach Palästina gekommen. Hört endlich auf, euch von den Juden moralisch erpressen zu lassen." Wir haben dem letzten Satz sofort klar widersprochen. Aber es bleibt die Tatsache, dass unser Gesprächspartner in einem Punkt die Auffassung vieler Palästinenser wiedergab: Aus deren Blickwinkel ist die Schoah ein deutsches, ein europäisches Verbrechen, an dem sie nicht beteiligt waren; und sie halten es für eine historische Ungerechtigkeit, dass sie für ein fernab ihrer Heimat begangenes Verbrechen in Mithaftung (so interpretieren sie ihr Schicksal) genommen werden.

Im März 2014 reiste Mohammed Dadschani, Spross einer seit Jahrhunderten in Jerusalem ansässigen Patrizierfamilie und Professor an der Al-Quds-Universität, mit einer Gruppe arabischsprachiger Studenten nach Auschwitz. Diese Exkursion war Teil eines größeren Projekts. Dabei ging es um die Frage, wie Kollektive mit eigener Opfergeschichte befähigt werden können, sich auf die Opfergeschichte gegnerischer Kollektive einzulassen: „Man muss", so Dadschani, „den Anderen verstehen, denn nur Versöhnung bringt uns weiter. Und je früher wir es tun, desto besser. Sich in das Leid des Feindes einzufühlen bedeutet nicht, dass man automatisch gutheißt, was er einem antut." Dadschanis Reise nach Auschwitz löste auf palästinensischer Seite einen Sturm der Entrüstung aus. Daraufhin legte er seine Ämter an der Al-Quds-Universität nieder.

Der Konflikt zwischen den Narrativen wird nicht zuletzt deshalb so erbittert geführt, weil er im Kern das

Heimatrecht von Juden und Arabern im Heiligen Land betrifft. Bei einem sehr spannenden Seminar über israelische und palästinensische Geschichtsbilder meldete sich einer von uns zu Wort mit der Frage: „Warum ist es der israelischen Seite nicht möglich, mit einfachen Worten menschlichen Mitgefühls den Palästinensern zu sagen: ‚Was 1948/49 geschehen ist, können wir nicht rückgängig machen. Aber wir wissen, dass ihr viel gelitten habt.' Könnte eine solche Geste nicht dazu beitragen, Wunden zu heilen?" Ein israelischer Teilnehmer entgegnete: „Das ist gut gemeint und zeugt von deiner humanistischen Gesinnung. Aber die meisten Israelis werden niemals einer Geste zustimmen, die dahin gedeutet werden könnte, ihr Staat sei auf dem Fundament von Unrecht errichtet worden."

Es entspricht unserer eigenen Beobachtung, dass viele israelische Juden im Grunde ihres Herzens Angst vor einer solchen Interpretation haben. Das erklärt, weshalb seit 2007 von israelischer Seite immer wieder gesagt wird, Frieden könne es nur geben, wenn die palästinensische Seite Israel explizit *als jüdischen Staat* anerkennt. Aus israelisch-jüdischer Sicht ist die Popularität des Nakba-Tages bei den Palästinensern ein Indiz dafür, dass sich die palästinensische Seite mit der Gründung des Staates Israel nie wirklich abgefunden hat. Wahr ist jedenfalls, dass die PLO am „Recht auf Rückkehr" der palästinensischen Flüchtlinge und Vertriebenen von 1948/49 offiziell festhält. Dehnt man dieses Recht auf Millionen Nachkommen aus, wäre seine Durchsetzung das Ende Israels als jüdischer Staat, denn es würde die demographischen Verhältnisse dort – zurzeit gibt es in Israel eine jüdische Bevölkerungsmehrheit von 75 Prozent – dramatisch verändern.

Umgekehrt befürchten viele Palästinenser, dass eine Anerkennung Israels als jüdischer Staat einer Hinnahme der Annexion Ost-Jerusalems und einem Freibrief für die Annexion des Westjordanlandes gleichkäme. Wahr ist jedenfalls, dass Israels nationalreligiöse Rechte das Westjordanland als jüdisches Eigentum und damit als israelisches Territorium betrachtet. Sie meint, dass „die Araber" in „Judäa und Samaria" nichts zu suchen haben. Es handele sich um Eindringlinge, die von Rechts wegen nach Jordanien, Saudi-Arabien oder in ein anderes Land der Arabischen Liga gehören.

Ein staatlicher Feiertag besonderer Art ist der Jerusalem-Tag *(Jom Jeruschalajim)* zur Erinnerung an die Eroberung (manche Israelis sagen: „Befreiung") der Altstadt durch die israelische Armee am 7. Juni 1967 und die dadurch ermöglichte Wiedervereinigung der Stadt. Im Jahr 1998 erhob die Knesset diesen Tag durch Gesetz in den Rang eines nationalen Feiertages, der eine Woche vor Schawuót begangen wird. Öffentlich wahrnehmbar wird er freilich nur in Jerusalem gefeiert.

Zu Beginn unseres Jerusalem-Aufenthaltes war uns die ganze politische Brisanz des Jom Jeruschalajim nicht bewusst – obwohl wir natürlich sahen, dass es kein gemeinsamer Feiertag aller Jerusalemiten war. Wir erlebten eine unbeschwerte, fröhliche Volksfeststimmung beim Platzkonzert in der Davidszitadelle neben dem Jaffator. Allerdings machte eine evangelische Pfarrerin mit langjähriger Jerusalem-Erfahrung uns 2012 darauf aufmerksam, dass die in der Altstadt tätigen christlichen Kleriker den Feiern zum Jom Jeruschalajim diesmal fast geschlossen ferngeblieben seien. In den Jahren 2013 und 2014 fingen wir an zu verstehen, dass dieser Tag mehr und mehr von den Nationalreligiösen vereinnahmt wird. Im Gegensatz zum Jom ha-Atzma'ut weckt er in diesem Bevölkerungssegment messianische Vorstellungen, die in der Vision vom Aufbau des Dritten Tempels gipfeln. Das hat dazu geführt, dass unsere säkularen und liberal-religiösen jüdischen Bekannten und Freunde diesen Tag weitgehend ignorieren.

Scharen von Jugendlichen aus dem nationalreligiösen Milieu strömen aus allen Himmelsrichtungen nach Jerusalem und vereinigen sich zu einer großen Festtagsparade. Einige von ihnen rufen Parolen wie „Tod den Arabern!", „Zur Hölle mit den Linken!" oder „Mohammed ist tot!" Aus Protest oder aus Angst vor Vandalismus schließen arabische Händler in der Altstadt ihre Geschäfte. Der Zug der Feiernden wird von einem großen Polizeiaufgebot begleitet, das Zusammenstöße zwischen jungen Paradeteilnehmern und palästinensischen Jugendlichen verhindern soll.

Zum Jerusalem-Tag gehört das Lied „Jerusalem aus Gold" *(Jeruschalajim schel Saháv)*, das in Israel den Rang einer Art zweiten, inoffiziellen Nationalhymne hat. International bekannt wurde seine Melodie durch die Schlussszene des Films „Schindlers Liste". (Man kann übrigens das Grab von Oskar Schindler auf dem christlichen Friedhof am Südwesthang des Zionsberges besuchen. Hunderte kleine, auf der Grabplatte abgelegte Steine zeugen davon, dass immer noch viele jüdische Besucher hierher kommen, um Schindlers Andenken zu ehren.) In deutschsprachigen kirchlichen Kreisen wurde die Melodie von „Jerusalem aus Gold" vor allem durch das Neue Geistliche Lied „Ihr Mächtigen, ich will nicht singen" populär.

Die israelische Sängerin Naomi Schemer trat mit „Jerusalem aus Gold" im Mai 1967, also vor dem Sechstagekrieg, an die Öffentlichkeit. Ihr Lied handelt von der jüdischen Sehnsucht nach der Altstadt. Dieser Teil Jerusalems war Juden damals noch versperrt. Der Song wurde ein großer Erfolg – aber der historische Durchbruch kam, als er im Sechstagekrieg zur musikalischen Losung der israelischen Armee und am 7. Juni 1967, nach Einnahme der Altstadt, zur Siegeshymne wurde.

Jussuf, ein arabischsprachiger Christ, der im Christlichen Viertel der Altstadt geboren wurde, erzählte uns von seinen Problemen mit diesem Lied. Er hatte Musikpädagogik an einer israelischen Akademie studiert und sollte für die Dirigentenprüfung „Jeruschalajim schel Saháv" einstudieren. Er bat darum, ein anderes Lied als Aufgabe zu bekommen, denn für ihn war diese Siegeshymne Symbol der Niederlage seines eigenen Volkes. Vor allem stieß er sich an zwei Strophen:

„Die Brunnen sind ausgetrocknet,
der Markt ist leer,
und niemand sucht den Tempelberg auf
in der Altstadt.

Und in den Höhlen des Berges
heulen Winde,
und niemand wandert hinab zum Toten Meer
über Jericho."

„Das stimmt doch einfach nicht", meinte Jussuf, „die Altstadt war 1967 voller Leben!" Wir wandten ein, dass diese Zeilen auf biblische Texte anspielen, zum Beispiel auf Worte des Jeremia (33,10-11). Der Prophet spricht von „den Städten Judas und ... den Straßen Jerusalems, die verödet sind, ohne Menschen, ohne Bewohner und ohne Vieh" – und weiter heißt es „Ich wende das Geschick des Landes: Es soll werden wie ehedem, spricht der Herr." Dieses Argument ließ Jussuf nicht gelten. Für ihn war das eine politische Aussage im Geist der zionistischen Formel „Ein Land ohne Volk für ein Volk ohne Land!"

Die Akademie bestand auf der Prüfungsaufgabe. Doch der jüdische Lehrer von Jussuf setzte schließlich durch, dass ihm ein anderes Lied zugewiesen wurde. Seither sind Jussuf und er gute Freunde.

Apocalypse now

Es liegt immer ein wenig Endzeitstimmung über Jerusalem. Seit über 2000 Jahren lassen sich Juden am Westhang des Ölbergs beisetzen – rund 150.000 Grabstätten soll es dort geben. Nach jüdischer Überlieferung wird der Messias vom Osten her über den Ölberg durch das Kidrontal nach Jerusalem einziehen. So ist dieser Friedhof gewissermaßen ein Logenplatz für alle, die Israels Erlösung aus der Nähe beobachten wollen. Auf der gegenüberliegenden Seite, am Osthang des Tempelbergs, ist in vielen Jahrhunderten ein riesiger muslimischer Friedhof gewachsen. Er bezeugt die muslimische Vorstellung, dass das Kidrontal Stätte des Jüngsten Gerichts sein wird. Der Evangelienbericht über den feierlichen Einzug Jesu nach Jerusalem knüpft an die jüdische Überlieferung an und unterstreicht damit die Messianität des Mannes aus Nazareth. Heute folgt die christliche Palmprozession seinem Weg von Betphage am Osthang des Ölbergs hinunter zum Garten Gethsemane am Westhang durch das Kidron-Tal bis hinauf zu den Bethesda-Teichen hinter dem Löwentor der Altstadt (auch bekannt als Stephanstor).

In seiner einfachsten Version besagt das in Israel dominierende Geschichtsbild: „Vor rund 2000 Jahren wurden wir von der römischen Besatzungsmacht aus Jerusalem ins Exil getrieben. Dort haben wir unseren Traum, eines Tages wiederzukommen, niemals aufgegeben. Jetzt sind wir in unser Eigentum zurückgekehrt." Diese Erzählung spart aus, dass die Stadt in den langen Jahrhunderten zwischen römischer Antike und israelischer Gegenwart niemals unbewohnt war, sondern durchgehend Schauplatz einer wechselvollen Geschichte mit vielen Höhen und Tiefen, zahlreichen Herrschern und verschiedenen Bevölkerungen.

Als israelische Truppen die Jerusalemer Altstadt im Sechstagekrieg 1967 eroberten, war sie keineswegs ein leeres Ruinenfeld, sondern ein dicht besiedelter Ort. Allerdings hatten die jordanischen Besatzer jahrzehntelang Juden den Zugang zur westlichen Stützmauer des Tempelplateaus, der so genannten Klagemauer, verwehrt und viele religiöse Stätten im Jüdischen Viertel zerstört. Kurz nachdem die „Arabische Legion" dieses Viertel im Mai 1948 erobert hatte, sprengte sie das größte Gotteshaus dort, die Hurva-Synagoge.

Auch für nichtreligiöse Juden muss es 1967 ein emotional und spirituell überwältigendes Erlebnis gewesen sein, zum ersten Mal vor der Klagemauer zu stehen, sie zu berühren und dabei ein Gebet zu sprechen. Um das zu verstehen und von den Berichten der Zeitzeugen ergriffen zu sein, ist es nicht nötig, fast 2000 Jahre heidnische, christliche und muslimische Stadtgeschichte auszublenden.

In einer besonders prägnanten Form begegnete uns die ahistorische Erzählung vom Vakuum zwischen 70 und 1967 n. Chr. im „Niedergebrannten Haus" *(Burnt House)*, einer für Altstadtbesucher aufbereiteten Ausgrabungsstätte im Jüdischen Viertel. Es handelt sich um eine Art Zeitmaschine, die ihre Passagiere von der Gegenwart in die Antike katapultiert.

Vermutlich gehörte dieses Haus einer Tempelpriesterfamilie namens Kathros. Zerstört wurde es, als die Römer den Tempel und die Stadt in Schutt und Asche legten. Eine aufwendige Licht-und-Ton-Schau bringt den Besuchern zunächst der Alltag der Familie Kathros nahe. Es folgt die Katastrophe des Jahres 70 n. Chr. Die jüdischen Akteure von damals reflektieren, wie es dazu kommen konnte. Darauf gibt es zwei Antworten. Erstens: „Wir haben die Gefahr nicht ernst genommen, sondern uns darauf verlassen, dass alles schon gut gehen wird." Zweitens: „Unsere innere Zerstrittenheit hat uns geschwächt." Am Ende steht die Botschaft: „Jetzt sind wir wieder hier – und was damals geschah, wird uns nie wieder passieren."

Didaktisch ist das Ganze so angelegt, dass dem Betrachter bestimmte Schlussfolgerungen nahegelegt werden. Er mag sich daran erinnert fühlen, dass in den 1930er-Jahren der Judenhass des Nazi-Regimes nicht ernst genug genommen wurde. Er wird gewarnt, heutigen Antisemitismus, vor allem in der muslimischen Welt, zu unterschätzen. Er soll begreifen, dass die Rückkehr nach Jerusalem eine Frucht jüdischer Einigkeit war – und es bleiben wird, wenn das jüdische Volk sich nicht mehr auseinanderdividieren und zur leichten Beute seiner Todfeinde machen lässt.

Der unmittelbare Rückbezug auf Ereignisse, die vor 2000 Jahren stattfanden – diese Gleichzeitigkeit von „uralt" und „ganz neu" – frappiert den europäischen Betrachter. Sein eigenes Gemeinwesen ist ja das Produkt jahrhundertelanger Wechselwirkungen: dem Gegen- und Miteinander verfeindeter und befreundeter Nachbarn, dem Gegen- und Miteinander einheimischer und fremder Kulturen.

Die Historikerin Diana Pinto erklärt das ahistorische israelische Geschichtsbild mit dem Selbstverständnis eines Landes „dessen großes existenzielles Ziel darin besteht, das jüdische Volk ein für allemal aus der Geschichte der *anderen* herauszuführen, um es schließlich in *seine eigene,* die wahre, und nicht die der Diaspora, zu re-integrieren." Sie vergleicht die israelische Herangehensweise mit einem Computer-Neustart ohne vorangehende Sicherung der Daten auf einem externen Speichermedium.

Dies führt sie zu einer höchst spannenden These im Blick auf das Verhältnis zwischen Israel und der jüdischen Diaspora: Je mehr Israel der Sinn für die 2000-jährige Entwicklung eines Judentums ohne kultisches Zentrum und ohne staatliche Souveränität abhanden kommt, desto mehr wächst der jüdischen Diaspora die Aufgabe zu, die Geschichte der vielfältigen Wechselbeziehungen zwischen dem Judentum und seiner nichtjüdischen Umwelt von der römischen Antike bis zur Neuzeit im Gedächtnis zu bewahren. Diese Wechselwirkungen haben das Judentum in seiner heutigen Gestalt geprägt. Sie können nicht ungeschehen gemacht werden. Die jüdische Diaspora – so Diana Pintos Überlegung – übernimmt für Israel die Funktion, als externes Speichermedium all diese Daten zu sichern.

Dass es auch anders geht als im *Burnt House,* zeigt das Stadtmuseum in der so genannten Davidszitadelle neben dem Jaffa-Tor. Hier wird dem Besucher kein bestimmtes Geschichtsbild aufgedrängt. Während im *Burnt House* die Zeit zwischen Antike und Gegenwart, zwischen 70 und 1967 n. Chr. als Vakuum erscheint, wird sie im Stadtmuseum als eine ununterbrochene

Abfolge von macht-, religions- und kulturpolitischen Epochen, von Zeiten des Glanzes und Zeiten des Elends lebendig.

An einem bestimmten Punkt berühren einander das israelische Geschichtsbewusstsein, wie es sich im *Burnt House* manifestiert, und das palästinensische Geschichtsbewusstsein: Ereignisse, die nach europäischem Verständnis sehr weit zurückliegen und keine Bedeutung mehr für die Gegenwart haben, werden empfunden, als seien sie noch ganz nah, als sei zwischen „damals" und „heute" kaum Zeit vergangen, als habe es historische Zäsuren nie gegeben.

Ein arabischsprachiger griechisch-orthodoxer Bekannter erzählte uns einmal, er sei Nachfahre der Byzantiner, die von ca. 330 bis 614 n. Chr. über Jerusalem herrschten. Und er fügte stolz hinzu: „Wir lebten schon lange vor den Arabern hier!" Überhaupt geht es in vielen Diskussionen darum, wer als erster da war. So haben wir die Behauptung gehört, die Jebusiter – also die Einwohner Jerusalems vor Eroberung der Stadt durch König David – seien die ersten Palästinenser gewesen. Im Klartext: „Wir lebten schon lange vor den Juden hier!"

Wo die Vergangenheit nicht vergeht, kann auch die Zukunft „nichts Neues unter der Sonne" bringen. Was sein wird, stand schon immer fest. Und es *wird* sein, weil Gott es so will. Für ihn sind tausend Jahre ohnehin nur „wie der Tag, der gestern vergangen ist" (Psalm 90,4). In einer solchen Welt steht die Zeit still. Hier ist kein Raum für die westliche Idee einer fortschreitenden Entwicklung. Hier gibt es nicht dieses

Gefühl von Dringlichkeit, das seinen banalsten Ausdruck in der Formel „Zeit ist Geld" findet. Menschliches Handeln ändert nichts am Lauf der Dinge, denn von Ewigkeit her ist es ja selbst Teil des göttlichen Heilsplans. Paradoxerweise legitimiert diese Einstellung einen religiösen Extremismus, der die Erlösung gewaltsam herbeizwingen will. Aus Fatalismus wird Fanatismus.

Unter palästinensischen Muslimen ist in den vergangenen Jahren die These populär geworden, der Koran sage eine zweite, endgültige Rückeroberung Jerusalems voraus. Hauptquelle dieser Auffassung ist das im Jahr 1987 publizierte Buch „Der Antichrist" *(Al-Massih ad-Daddschāl)* des ägyptischen Schriftstellers Sa'id Ayyub. Ayyub kombiniert darin Aussagen des Korans über die „Kinder Isrā'īls" mit apokalyptischen Visionen jüdischer und christlicher Provenienz (Daniel, Geheime Offenbarung). Zwar lehnten maßgebende Korangelehrte seine Spekulationen ab, doch ein Teil des muslimischen Fußvolks schloss sich ihrem Urteil nicht an.

Die von Ayyub ausgelöste Flutwelle apokalyptischer Traktate schuf ein Klima für neue Spekulationen. So sagte Bassam Dschirrar, ein viel gelesener palästinensischer Koran-Exeget, den Untergang Israels für das Jahr 2022 voraus. Sein Credo: Der Islam begann in Mekka und Medina, doch in Jerusalem kommt er ans Ziel. Verschiedene radikalislamische Gruppen, die den Nahen Osten zum übernationalen Kalifat umgestalten wollen, sprechen sich für Jerusalem *(Al-Quds)* als Hauptstadt des von ihnen erstrebten theokratischen

Reiches aus. Im November 2014 prophezeite Scheich Ra'ad Salah, ein Anführer der radikalislamischen Bewegung in Israel, kurz nach seiner Entlassung aus dem Gefängnis sogar die baldige Ankunft eines weltweiten Kalifats mit Jerusalem als Hauptstadt.

Wir hörten ein Echo von Ayyubs These, als uns ein muslimischer Geschäftsmann erklärte: „Im Heiligen Qur'ān steht, dass Jerusalem zweimal befreit wird. Einmal ist es schon befreit worden. Die zweite Befreiung steht noch aus." Woran unser Gesprächspartner dachte, als er von der „ersten Befreiung" sprach, war uns nicht ganz klar; wir hatten den Eindruck, dass ihm der muslimische Sieg über die Kreuzritter vor Augen stand. Doch es gab keinen Zweifel, was er mit der „zweiten Befreiung" meinte: die Vertreibung der Juden und die Zerstörung des „zionistischen Gebildes". Ob das zu seinen Lebzeiten geschehen wird, oder zu Lebzeiten späterer Generationen – darauf kommt es ihm nicht an. Geschehen wird es auf jeden Fall: Davon ist er fest überzeugt, denn so steht es, wie er meint, geschrieben.

Anfang 2012 lernten wir im Hebräisch-Sprachkurs Ben aus Kanada kennen. Er war um die 50, trug oft eine Art Militärjacke und wollte nach Israel einwandern. Eines Tages erklärte er uns in der Pause, er sei hierher gekommen, um den Dritten Tempel aufbauen zu helfen – also den Zustand wiederherzustellen, der vor 2000 Jahren existierte. Wer den Dritten Tempel dort errichten will, wo bis 70 n. Chr. der Zweite Tempel stand, muss erst einmal den Haram asch-Scharif zerstören, die drittheiligste Stätte des Islam mit Felsendom und Al-Aqsa-Moschee. Wir hatten zwar schon von solchen Ideen gehört, glaubten damals aber noch, sie gehörten zur fiktionalen Welt eines Dan Brown.

In Artikel 9 des israelisch-jordanischen Friedensvertrages von 1994 erkannte Israel das Haschemitische Königreich von Jordanien als Hüter der heiligen Stätten des Islam in Jerusalem ausdrücklich an. Einer der israelischen Verhandlungsführer bei den Friedensgesprächen mit Jordanien 1994 erklärte uns, dass der damalige König Hussein dem Friedensvertrag nicht zugestimmt hätte, wenn er nicht diese Klausel enthalten hätte. Alle Verantwortlichen in Israel müssten wissen, so unser Gesprächspartner, dass Jordanien ein Eckpfeiler der Sicherheit Israels sei und dass eine De-Legitimierung des Haschemitischen Königshauses durch religiöse Fanatiker auf jüdischer und muslimischer Seite in einer Katastrophe für Israel enden könnte.

Zum Status quo auf dem Haram asch-Scharif gehört, dass Juden und Christen den Tempelberg zwar besuchen, dort aber nicht – jedenfalls nicht in öffentlich erkennbarer Form – beten dürfen. Bislang achten die israelischen Sicherheitskräfte darauf, dass dieser Grundsatz respektiert wird. Wir haben es selbst zu spüren bekommen, als wir einmal mit Gästen auf den Tempelberg gehen wollten. Beim Gang durch das Jüdische Viertel zur Mughrabi-Brücke, über die Nicht-Muslime den Haram asch-Scharif betreten dürfen, hatten wir uns ein jüdisches Gebetbuch mit englischer Übersetzung der hebräischen Texte gekauft. Damit wollten wir uns auf die gelegentlichen Besuche von Synagogen-Gottesdiensten besser vorbereiten können. Bei der Sicherheitskontrolle am Eingang zur Mughrabi-

Brücke wurde unser Rucksack durchleuchtet. Probleme erwarteten wir nicht, weil wir keine Metallgegenstände dabei hatten. Zu unserer Überraschung forderte der israelische Sicherheitsbeamte uns dennoch auf, den Rucksack zu öffnen. Er schaute hinein, erblickte das Buch und sagte nur: „Show me!" Als er sah, dass es ein jüdisches Gebetbuch war, wies er uns ab – da gab es nichts zu diskutieren.

Auch Trägern christlicher Symbole kann das passieren. So haben wir von einem hohen kirchlichen Würdenträger gehört, der Wert darauf legte, durch das Tragen einer Kette mit großem Kreuz Zeugnis für seinen Glaubens abzulegen; auch er kam nicht durch die Sicherheitskontrolle.

Nationalreligiöse Eiferer attackieren seit Jahren mit Hilfe von Verbündeten von der äußerst rechten Seite des politischen Spektrums den Status quo auf dem Haram asch-Scharif. Muslime betrachten diese gezielten Provokationen als eine Etappe auf dem Weg zur Errichtung des Dritten Tempels. Wer die Muslime vom Haram asch-Scharif verdrängen möchte, setzt nicht nur den für Israels Sicherheit unverzichtbaren Frieden mit Jordanien aufs Spiel, sondern riskiert auch einen blutigen Aufruhr in der ganzen muslimischen Welt.

Irritiert fragten wir jüdische Freunde, ob sie nicht auch fänden, dass Zeloten wie Ben ein erhebliches Risiko für Israel darstellten. „Das sind in der Tat gefährliche Spinner", erhielten wir zur Antwort, „aber sie werden vom *Schin Bet* [dem israelischen Inlandsgeheimdienst] genau beobachtet." In der Tat konnte der *Schin Bet* 1984 eine Gruppe zelotischer Terroristen auffliegen lassen, deren großes Ziel die Sprengung des

Felsendoms war. Der führende Kopf dieser Bande, Jehuda Etzion, wurde 1989 aus der Haft entlassen.

Etzion lebt heute in der von ihm mitgegründeten Westbank-Siedlung Ofra. Dem israelischen Journalisten Ari Shavit erläuterte er im Rückblick seine Motive: „Ich wusste, dass der Tempelberg der zentrale Punkt [für die Erlösung Israels] ist. Dieser Berg ist der Ort, an dem unser Vater im Himmel mit uns in Verbindung steht. Die Tatsache, dass wir den Tempelberg nicht in unserer Hand haben, ist das erdrückendste Zeugnis dafür, wie tief wir gesunken sind. Die Moscheen auf dem Tempelberg sind eine Demütigung für das Volk Israel und für Israels Geschichte mit Gott. Die Sprengung der Moscheen würde uns" – so dachte Etzion 1984 – „einen Durchbruch zum Himmel ermöglichen. Sie würde den Weg zu Heiligkeit, göttlicher Gegenwart, dem Hohen Rat und dem Tempel ebnen. Sie wäre ein Akt der Reinigung, der die alte korrupte Ära beenden und in eines neues, reines Zeitalter hineinführen würde, das den säkularen Staat Israel durch ein von der Torah inspiriertes Königreich ersetzt."

Auch 2012 scheint der *Schin Bet* gute Arbeit geleistet zu haben. Eine andere Kursteilnehmerin erzählte uns später, Bens Aufenthaltserlaubnis, die zunächst auf drei Monate befristet war, sei nicht verlängert worden. Deshalb habe er nach Kanada zurückkehren müssen.

Doch der Traum vom Dritten Tempel lebt weiter. Er tut das nicht im Geheimen, sondern in aller Öffentlichkeit. Säkulare israelische Juden zeigen sich darob peinlich berührt – und schauen lieber gar nicht hin. Wer von der Hurva-Synagoge aus die Straßen und Treppen zum Vorplatz der Klagemauer hinabgeht, stößt in der Nähe eines Aussichtspunktes kurz vor dem Ziel auf eine riesige goldene Menorah: einen Siebenarmigen Leuchter, der durch einen Glaskasten geschützt wird. Neben dem Davidsstern gilt die Menorah weltweit als ein Hauptsymbol des Judentums. Ein stilisiertes Abbild dieses Leuchters steht im Zentrum des israelischen Staatswappens. Doch die eigentliche Bedeutung der Menorah ist ihre religiöse Funktion als Teil der Ausstattung des Tempels.

Rekonstruiert wurde die goldene Menorah auf Grundlage von Forschungen des „Tempel-Instituts", das ganz in der Nähe seine Tore für Besucher öffnet. Es wurde 1987 gegründet, wirbt für die Wiedererrichtung des Tempels und hält für den großen Tag X, an dem dieser Bau vollendet ist, die nötigen Kultgewänder und -geräte bereit. Natürlich gehört der Siebenarmige Leuchter dazu, aber für einen reibungslosen Tempelbetrieb muss an sehr viel mehr gedacht werden: Priester-

kleidung, eine Krone für den Hohenpriester, Gefäße für das Blut der Opfertiere, eine silberne Schaufel für die Beseitigung der Asche vom Altar, einen Losbehälter für die Bestimmung des Sündenbocks (3. Buch Mose 16,9-10), ein Tisch für die Schaubrote, silberne Trompeten, ein in Gold gefasstes Widderhorn *(Schofar)* – und so weiter.

Die Homepage des Instituts dokumentiert das bereits vorhandene Tempel-Inventar detailliert und mit vielen Fotos (www.templeinstitute.org). Besonders interessant ist eine Fotomontage, die den Dritten Tempel – nach herodianischem Vorbild gestaltet – aus der Perspektive des Ölbergs zeigt: Felsendom und Al-Aqsa-Moschee sind nicht mehr zu sehen, doch weiter westlich kann man Grabeskirche und Erlöserkirche gut erkennen – und ganz im Hintergrund die Skyline des modernen Jerusalem.

„So strahlend rein und glanzvoll, wie der Tempel im jüdischen Nationalgedächtnis erscheint, war er wohl nur bei seiner Einweihung", schreibt der israelische Autor Gil Yaron. Es werde übersehen, so Yaron, dass hier einst „zehntausende Tiere geopfert wurden. Der Tempel, auf den Bildern ein ruhiger und majestätischer Ort des Gebets, war ein Schlachthaus, aus dem das Blöken und Muhen verängstigter Tiere gehallt haben muss. Das Gebäude muss ständig von Rauch umgeben gewesen sein. Ein ausgeklügeltes Bewässerungssystem wusch den heiligen Ort rein, damit die Priester nicht in dem Blut, den Gedärmen und dem Kot der Tieropfer ertranken."

In den Planungen des Tempel-Instituts ist der makellosen roten Kuh eine besondere Rolle zugedacht. Ihre Asche wird benötigt, um daraus Reinigungswasser für die Entsündigung der Tempelpriester herzustellen. Biblische Grundlage für diesen Ritus ist das 19. Kapitel im 4. Buch Mose (Numeri). Das Tempel-Institut erklärt die zentrale heilsgeschichtliche Bedeutung der roten

Kuh wie folgt: Der Messias wird seine Herrschaft erst antreten, wenn der Tempel wiedererrichtet ist. Der Tempel kann erst wiedererrichtet werden, wenn die „biblische Reinheit" wiederhergestellt ist. Diese Reinheit kann erst wiederhergestellt werden, wenn eine Kuh gefunden wird, die alle biblischen Kriterien erfüllt und somit für die Produktion des Reinigungswassers geeignet ist. „[D]as Schicksal der ganzen Welt hängt von der roten Kuh ab", ist auf der Homepage des Tempel-Instituts zu lesen. „Denn G'tt hat angeordnet, dass allein ihre Asche genügt, um die biblische Reinheit wieder in Kraft zu setzen – und danach den Heiligen Tempel wiederzuerrichten."

Wer zwischen diesen Zeilen eine apokalyptische Botschaft liest, ist auf der richtigen Spur. In seiner Schlussbetrachtung zu diesem Thema erinnert das Tempel-Institut an die Überlieferung, dass seit Moses insgesamt neun rote Kühe benötigt worden seien – und dass mit der nächsten, also der zehnten roten Kuh das messianische Zeitalter beginnen könnte: „Bedeutet dies vielleicht, dass das Erscheinen einer roten Kuh in unserer von Verfall geprägten Endzeit ein Vorzeichen ist, ein Vorbote des Messias selbst, der den Ritus ihrer Herrichtung leiten wird?"

Diese Frage überbrückt einen tiefen Widerspruch, der in allen eschatologischen Projekten steckt. Das Reich Gottes ist kein Menschenwerk. Die Ankunft des Messias lässt sich nicht herbeizwingen. Daher präsentieren sich Endzeitpropheten nicht als autonom Handelnde, sondern als Werkzeuge göttlicher Vorsehung. Was Gott von seinen Werkzeugen verlangt, glauben sie an gewissen Zeichen erkennen zu können. Die Online-

Ausgabe von *Israel Today* meldete im Juni 2014 die Entdeckung eines roten Kalbes in den USA. Ist dies das lang ersehnte Zeichen? Wir müssen, so *Israel Today,* noch zweieinhalb Jahre warten, bis das Kalb erwachsen ist und definitiv festgestellt werden kann, ob es keinen Makel hat. Bei der letzten Kandidatin gab es eine Enttäuschung: Sie hatte zwei schwarze Haare; damit war sie disqualifiziert.

Das Tempel-Institut ist eine private Initiative, die inzwischen jedoch auch finanzielle Unterstützung vom Staat erhält. Seine Ideologie ist mittlerweile salonfähig. Es kann sich rühmen, in der nationalreligiösen, nach europäischen Maßstäben rechtsradikalen Partei „Jüdisches Heim" *(Ha-Bajit ha-Jehudi)* zumindest einen prominenten Fürsprecher zu haben. Uri Ariel, Mitglied dieser Partei und Bauminister im Kabinett Netanjahu 2013-2015, bekannte sich während einer Konferenz in der Westbank-Siedlung Schilo im Juli 2013 öffentlich zum Projekt eines Dritten Tempels: „Wir haben viele kleine, kleine Tempel gebaut", sagte er im Blick auf Synagogen, „aber wir müssen einen wirklichen Tempel auf dem Tempelberg bauen."

Wir haben dem Thema „Dritter Tempel" bewusst viel Raum gewidmet, weil seine Bedeutung nach unserem Eindruck unterschätzt wird – nicht nur in Europa, sondern auch bei der Mehrheit der israelischen Juden. Die säkularen und die meisten religiösen Juden – ob reformiert, modern orthodox oder strengreligiös (ultraorthodox) – identifizieren sich nicht mit diesem Projekt. Im Herbst 2014 wandte sich der sephardische Oberrabbiner Jitzchak Josef mit scharfen Worten gegen Bemühungen nationalreligiöser Aktivisten und Politiker, das unter jordanischer Obhut stehende Tempelplateau künftig auch als jüdische Gebetsstätte zu nutzen. Ob die Ankunft des messianischen Zeitalters herbeigezwungen werden kann, ist nicht bloß ein theologisches Problem. Vielmehr steht die israelische Gesellschaft vor der Grundsatzfrage, ob sie es hinnehmen will, dass ein religiöser Zionismus, der den Staat Israel als heilsgeschichtliches Phänomen betrachtet, den vorwiegend säkularen Zionismus der Gründergeneration allmählich beiseite drängt.

Für Juden, Christen und Muslime sind die Hoffnung auf Erlösung und die Hoffung auf Frieden nicht voneinander zu trennen. Problematisch, ja gefährlich ist allerdings die Vision eines endzeitlichen Kampfes, in dem alle Feinde besiegt werden müssen, bevor der ewige Frieden anbrechen kann. Solche Vorstellungen gibt es in allen drei Religionen. Noch stehen die Feinde dem Heil im Weg. Wer sich auf der richtigen Seite wähnt, fühlt sich legitimiert, sie zu hassen und mit Gewalt gegen sie vorzugehen.

Das eschatologische Denken im Christentum hat verschiedene Ideen vom Ende der Zeit, vom Jüngsten Gericht und vom Reich Gottes hervorgebracht. Man könnte – stark vereinfachend – zwischen jenseitigen und diesseitigen Blickrichtungen unterscheiden. Zu denen, die an eine messianische Heilszeit im Diesseits glauben, gehören vor allem Christen, die das letzte Buch des Neuen Testaments, die Geheime Offenbarung, beim Wort nehmen. Sie erwarten die endzeitliche Schlacht von Harmagedon (dem Berg von Megiddo, einem südlichen Ausläufer des Karmelgebirges in Israel) und die Wiederkehr Christi als Herrscher über ein tausendjähriges Friedensreich. Auch das haben wir keinem Dan-Brown-Roman entnommen. Diese apokalyptische Lehre wird tatsächlich propagiert von einer Bewegung evangelikaler Christen in den Vereinigten Staaten, die oft als „christliche Zionisten" bezeichnet werden. Dieser Bewegung sollen immerhin 1,8 Millionen Menschen angehören.

Über die christlichen Zionisten sprachen wir zu Beginn unserer Zeit in Jerusalem mit Jossi, einem professionellen *Tourguide,* der immer wieder Reisegruppen aus diesem Milieu betreut. Was hält er von der Allianz zwischen Apokalyptikern aus Amerika und den nationalreligiösen Eiferern in Israel? „Ich sage den anderen Juden immer: ,Passt auf, die christlichen Zionisten sind eure Verbündeten nur bis zur Wiederkehr Christi. Danach müsst ihr euch taufen lassen, oder ihr landet nach Ansicht dieser Leute in der Hölle.'" Jossis klare Auskunft erinnert uns an ein altes Bonmot: „Gott schütze uns vor unseren Freunden, vor unseren Feinden wollen wir uns schon selbst in Acht nehmen."

Es gibt aber nicht nur die – temporäre – Allianz der nationalreligiösen Juden und der christlichen Zionisten. Eine viel tiefer gehende Gemeinsamkeit besteht zwischen Juden und Christen, die nicht auf den apokalyptischen Entscheidungskampf zusteuern; sie bilden die große Mehrheit. An einem Sonntagmorgen nahmen wir unsere Freundin Schoschanah zu einem Gottesdienst in die Dormitio-Abtei mit. Schoschanah ist modern orthodox. Wir trafen uns oft mit ihr zu tiefgründigen Gesprächen beim Schabbát-Mahl am Freitagabend in ihrem Haus oder beim Sonntagskaffee in unserer Wohnung. Schoschanah verdanken wir viele wichtige Einblicke in das Judentum – und wir haben den Eindruck, dass sie auch von uns das eine oder andere über das Christentum gelernt hat.

Auf dem Heimweg von der Dormitio-Abtei sprachen wir über Schoschanahs Eindrücke vom Gottesdienst. Sie war sehr beeindruckt. Besonders gefallen hatten ihr die würdevolle liturgische Choreographie; die lateinischen Messgesänge; die schönen Gewänder, in denen die Priester durch den Altarraum schritten; der Weihrauch, mit dem der Altar inzensiert wurde.

Doch dann sagte sie etwas, über das wir seither immer wieder nachgedacht haben: „Wir Juden haben das alles hinter uns gelassen. Wir brauchen keinen Altar mehr, keinen Weihrauch, keine Opferhandlung, kein priesterliches Amt." Wir hielten ihr entgegen, dass die Wiederherstellung genau dieses Zustandes das erklärte Ziel des Tempel-Instituts und seiner nationalreligiösen Unterstützer sei. Ihre Antwort ließ an Deutlichkeit nichts zu wünschen übrig: „Der Bau des Dritten Tempels und die Wiedereinführung von Tieropfern mit allem, was dazugehört, wären ein Desaster für das Judentum. Damit würden alle theologischen Entwicklungen zunichte gemacht, die durch die Zerstörung des Zweiten Tempels erzwungen wurden und das heutige Judentum prägen. Es würde uns in eine sadduzäische [tempelpriesterliche] und eine rabbinische Richtung aufspalten."

In Schoschanas Geschichtsbild klafft kein Vakuum zwischen Antike und Gegenwart. Der Dritte Tempel wäre nicht nur ein innerjüdisches Desaster, sondern auch das Ende wesentlicher Gemeinsamkeiten zwischen Judentum und Christentum. Beide Religionen haben eine jeweils eigene Antwort auf die Katastrophe der Zerstörung des Zweiten Tempels gefunden. Während in den antiken Kulten die innerweltliche Gegenwart von Göttern und Göttinnen – oder des Einen Gottes – an einen konkreten Tempel gebunden war, entwickelten das rabbinische Judentum und das Christentum den Gedanken, dass Gott in der Gemeinde gegenwärtig ist. Keine von beiden Religionen braucht eine zentrale Kultstätte, um existieren zu können. Beide sind transportabel. Für beide ist die Ära des Tieropfers vorbei. Beide leben von einer eschatologischen Hoffnung: auf die Ankunft des Messias, auf die Wiederkehr Christi – von einer Hoffnung also, die nicht durch Menschenhand verwirklicht werden kann.

Mit einer wunderbaren Anekdote verdeutlichte die Militärhistorikerin Lynette Nusbacher 2014 in einem Beitrag für die *Times of Israel*, weshalb die nationalreligiösen Eiferer nicht für sich in Anspruch nehmen können, Wegbereiter des Messias zu sein: „Als ich zum ersten Mal die Klagemauer als Kind besuchte, fragte ich meinen Vater, wie denn der Messias einen Dritten Tempel errichten könne, wenn doch schon ein imposantes muslimisches Heiligtum mit goldener Kuppel auf dem Gelände stehe. Mein Vater, ein Mann von großer Weisheit und schnellem Denken, antwortete, dass die offensichtliche Unlösbarkeit dieser Aufgabe genau der Grund dafür sei, weshalb man für den Aufbau des Dritten Tempels den Messias benötige."

Anastasis

Orthodoxe Christen sprechen von „Auferstehungskirche" (griechisch *Naós tīs Anastáseōs,* kurz *Anástasis),* wenn sie den Ort bezeichnen, der in den westlichen Kirchen „Grabeskirche" heißt. Die orthodoxe Sprachregelung ist theologisch korrekt, denn das Grab ist ja leer. Auch die Kustodie der Franziskaner verwendet im Lateinischen oft den Namen „Auferstehungskirche" *(Basilica Resurrectionis Domini)* statt der ebenfalls gebräuchlichen Bezeichnung *Basilica Sancti Sepulcri.* Aus historischen und theologischen Gründen ziehen wir selbst es vor, die Bezeichnung „Anastasis" zu verwenden.

Einer alten christlichen Überlieferung zufolge ist hier der Nabel der Welt. Nach muslimischer Tradition liegt dieser Ort hingegen unter der Kuppel des Felsendoms. Diese Zuschreibungen sind insofern bedeutsam, als sie zeigen, dass für die Christen im Zentrum Jerusalems – und damit der Welt – nicht mehr der Tempelberg stand (und steht), sondern die Stätte des Todes und der Auferstehung Jesu.

Die Anastasis ist keine Kirche im traditionellen Sinne, sondern ein großer Schrein für die heiligsten Stätten der Christenheit, allen voran das Grab und den Golgathafelsen. Wir sprechen über diese Dinge wie über gesicherte Fakten. In Wahrheit handelt es sich um Zuschreibungen, die auf Helena, Mutter Kaiser Konstantins des Großen, zurückgeführt werden. Die Zuschreibungen aus der ersten Hälfte des 4. Jahrhunderts

n. Chr. mögen irrig gewesen sein, aber sie waren nicht willkürlich, denn lokale Christen und christliche Pilger verehrten schon lange vor Helenas archäologischen Aktivitäten viele dieser Stätten als heilige Orte. Neuzeitliche Ausgrabungen bestätigen, dass der Komplex der Anastasis zur Zeit Jesu außerhalb der Stadt lag und Felsengräber, möglicherweise auch eine Hinrichtungsstätte, umfasste. Auf unterirdischer Ebene der mehrstöckigen Anastasis befindet sich die so genannte Kreuzauffindungskapelle – der Ort, an dem Helena das Kreuz Jesu entdeckt haben soll.

Wie für viele andere heilige Stätten – etwa die Geburtsgrotte in Bethlehem, den Abendmahlssaal auf dem Zionsberg, den Garten Gethsemane am Fuß des Ölbergs oder die als Leidensweg Jesu verehrte Via Dolorosa – gilt auch für die Anastasis, dass sie ihre Aura einer mehr als anderthalbtausendjährigen Verehrungspraxis verdankt. Millionen Pilger, unter deren Füßen die uralten Steine glattgeschliffen wurden, haben diesen Ort gewissermaßen kollektiv geweiht. Zweifel werden dadurch nicht widerlegt, aber sie treten in den Hintergrund. Dieses Phänomen ist übrigens auch auf jüdischer und muslimischer Seite zu beobachten. Juden verehren auf dem Zionsberg das Grab von König David *(David ha-Melech),* das den Muslimen als letzte Ruhestätte des Propheten David *(Nabi Daoud)* heilig ist; dabei existiert diese Zuschreibung erst seit dem frühen 12. Jahrhundert.

An die Anastasis muss man sich erst gewöhnen. Im Lauf unserer drei Jerusalem-Jahre wurde sie uns immer vertrauter. Wir hatten die Chance, sie aus verschiedenen Perspektiven zu erleben: als Begleiter unserer vielen Besucher aus Deutschland; in der Stille und den nächtlichen Feiern nach Verriegelung des Eingangs; als Mitglieder des Terra-Sancta-Chores bei der Kar- und Osterliturgie des Lateinischen Patriarchats und der Franziskanischen Kustodie 2012, 2013 und 2014; und nicht zuletzt bei der gemeinsamen Feier von Papst Franziskus und Patriarch Bartholomaios I., dem Ökumenischen Patriarchen von Konstantinopel, am 25. Mai 2014.

Viele Besucher sind beim ersten (und oftmals einzigen) Besuch der Anastasis schockiert. Sie erwarten andächtige Stille – und erleben ein geschäftiges, zu bestimmten Zeiten chaotisch anmutendes Treiben. Zunächst ist keine Ordnung zu erkennen: Rechts eine steile Treppe; vorn eine rechteckige Steinplatte, die sehr wichtig zu sein scheint, denn sie wird pausenlos berührt und geküsst; weiter links, unter einer großen Kuppel und umgeben von Absperrgittern der israelischen Polizei, eine Art Kapelle, vor der Hunderte

von Pilgern und Touristen Schlange stehen; umher-
eilende Kleriker in unterschiedlichsten Gewändern;
rußgeschwärzte Bilder, Mosaiken und Ikonen unterschiedlichsten Stils; laute Rufe von allen Seiten, Touris-
tenpulks mit ihren Guides, Kamerablitzlicht, Selfie-
Posen – und so weiter.

Schlüssel zum Verständnis der Anastasis ist die Er-
kenntnis, dass sie eine orientalische Kirche ist – und
dass sie keiner christlichen Konfession allein gehört. In
den Westkirchen, also bei Katholiken und Protestanten, gehört heute kollektive Disziplin zum gottesdienst-
lichen Standard. Man steht, sitzt und kniet gleichsam
auf Kommando; Gesang wird instrumental begleitet
und ist daher rhythmisch homogenisiert; ein kleiner
Schwatz mit dem Nachbarn wird mit strengen Blicken
geahndet; auch wer zu spät kommt oder zu früh geht,
erntet Missbilligung; während des Gottesdienstes ein
Andachtsbild nach dem anderen aufzusuchen oder den
Pfarrer in Aktion zu fotografieren geht schon gar nicht.
In orthodoxen Kirchen und bei den Altorientalen (namentlich Armeniern, Kopten, Syrisch-Orthodoxen,
Äthiopisch-Orthodoxen) herrscht eine gelassenere Atmosphäre. Wir haben das in griechisch-orthodoxen,
armenischen und syrisch-orthodoxen Gottesdiensten
selbst erlebt. Die latente Unruhe dort erinnerte uns an
das ständige Hin und Her, das wir in manchen Synagogen beobachten konnten.

Der interkonfessionelle Wettbewerb um die knappen
Ressourcen der Anastasis gilt vielen als Makel, ja als
Ärgernis. Jeder hat irgendwann einmal gerüchteweise
gehört, auf Youtube gesehen oder mit eigenen Augen
erlebt, dass Mönche verschiedener Konfessionen bei

Auseinandersetzungen über Verstöße gegen die Hausordnung der Anastasis, den so genannten Status quo, handgreiflich werden. Wir selbst haben in drei Jahren nur ein lautstarkes Wortgefecht – zwischen Armeniern und Griechisch-Orthodoxen – mitbekommen.

Wir empfehlen, die konfessionelle Vielfalt nicht als Problem, sondern als besonders positives Merkmal der Anastasis zu sehen. Tatsache ist, dass das leere Grab unterschiedlichste Kirchen an einem Ort zusammenführt. Wo gibt es das sonst? Die Konfessionen umkreisen das gemeinsame Zentrum ihres Glaubens auf engstem Raum in verschiedenen Umlaufbahnen. Dass unter solchen Umständen Kollisionsgefahr besteht, ist nicht verwunderlich. Doch diese Gefahr wird durch ein kompliziertes Regelwerk, den heute noch gültigen Status quo von 1852, recht erfolgreich unter Kontrolle gehalten.

Der Status quo teilt die Nutzung der Anastasis räumlich und zeitlich auf. Das Zeitmanagement ist besonders wichtig dort, wo Räume – vor allem das Grab – keiner bestimmten Konfession zugeordnet sind. Wir haben als Chormitglieder einmal erlebt, dass ein Karfreitagsgottesdienst des Lateinischen Patriarchen früher zu Ende ging als geplant. Gemäß Status quo war für die Dauer des Gottesdienstes die Anastasis abgeschlossen worden. Am Ende mussten wir vor dem verschlossenen Eingang warten, bis die Tür geöffnet wurde – keine Minute vor, aber auch keine Minute nach der festgesetzten Zeit.

Wird ein Gottesdienst am Grab gefeiert, bricht gegen Ende in der Regel große Hektik aus. Bänke, Altartische, Kerzenständer, Teppiche und andere Mobilien werden von Helfern abgebaut, damit das zugemessene Zeitbudget nur ja nicht überzogen wird. Oft treffen Ströme von einziehenden und von ausziehenden Gläubigen aufeinander. Wenn westkirchlicher Ostersonntag und ostkirchlicher Palmsonntag zusammenfallen, kann man auch einmal das Schauspiel synchroner Gottesdienste miterleben. Die Anastasis ist dann erfüllt von einer einzigartigen Mixtur aus Orgelklang, koptischen Glockentönen, Gregorianik und orientalischen Melismen.

Hüter des Status quo sind zum einen die Kleriker der sechs in der Grabeskirche vertretenen Konfessionen (Griechisch-Orthodoxe, Römisch-Katholische, Armenisch-Apostolische, Syrisch-Orthodoxe, Koptische und Äthiopisch-Orthodoxe Kirche); sie sehen einander genau auf die Finger. Zum anderen sind es die beiden muslimischen Familien Nusseibeh und Joudeh als Inhaber der Schlüsselgewalt. Tagsüber sitzt das Familienoberhaupt der Nusseibehs, ein freundlicher älterer

Herr, oft auf seiner Bank hinter dem Eingang der Anastasis und plauscht mit Mönchen, Polizisten und Pilgern. Nach einiger Zeit erkannte er uns wieder. Wir begrüßten einander immer freundlich. Einmal zeigte er uns stolz ein Foto, auf dem er zusammen mit Papst Benedikt XVI. zu sehen war.

Wir sind oft mit Besuchern abends zur Anastasis gegangen, um uns die ritualisierte Schließung der Grabeskirche anzuschauen: Ein Nusseibeh steigt auf eine kleine Leiter und verschließt die Tür mit einem großen Schlüssel. Dann öffnet sich von innen eine Luke, durch die er die Leiter hindurch schiebt. Sie wird von einem Mönch im Kircheninnern in Empfang genommen. Dem Schauspiel wohnt draußen als Zeuge ein israelischer Polizeibeamter bei.

Es gehört zu den unausrottbaren Gerüchten rund um die Grabeskirche, dass die Osmanen die Schlüsselgewalt muslimischen Familien übertragen hätten, weil sie des ewigen Streits der Konfessionen über die Rechte an der Anastasis irgendwann überdrüssig gewesen seien. Das stimmt so nicht. Die Regelung der Schlüsselgewalt geht unter anderem auf eine Entscheidung des Sultans Saladin (*Salah ad-Din*) nach der muslimischen Rückeroberung Jerusalems 1187 zurück. Mit dieser Entscheidung machte er klar, wer künftig „Herr im Hause" sein sollte – die Muslime, nicht die Christen. Heute demonstriert der Staat Israel mit der Präsenz uniformierter Polizei und mit polizeilichen Absperrgittern, dass letzten Endes er die Hoheit über die Anastasis ausübt. Von lokalen Christen haben wir gehört, dass das Angebot verschiedener Kirchen, einen eigenen Ordnungsdienst zu organisieren, von staatlicher Seite strikt abgelehnt wird.

Der Status quo ist keine Ideallösung, aber er ist allemal besser als sein Ruf. Er taugt als Beispiel für gelungenes Konfliktmanagement. Daniel Rossing, der Gründer und Direktor des *Jerusalem Center for Jewish-Christian Relations,* hat einmal bemerkt, dass es der Menschheit besser ginge, wenn sich der Status quo in der Anastasis weltweit als Modell für ein friedliches Zusammenleben trotz konkurrierender Interessen durchsetzte.

Ein wesentlicher Mangel des Status quo besteht darin, dass er die Großen begünstigt – gewiss aber jene Kirchen, die sich Mitte des 19. Jahrhunderts ein großes Stück vom Kuchen sichern konnten. Doch seither ist viel Wasser den Jordan hinabgeflossen. Die Balance zwischen den Kirchen – und auch innerhalb der Konfessionen – verändert sich unaufhörlich. Uns ist zum Beispiel aufgefallen, dass wesentlich mehr russisch-orthodoxe als griechisch-orthodoxe Christen die Anastasis besuchen. (Russisch-orthodoxe Christinnen sind in der Regel daran zu erkennen, dass sie Rock und Kopftuch tragen; das Kopftuch ist ganz anders gebunden als bei muslimischen oder jüdischen Frauen.)

Einer der Gründe dafür ist die Einwanderung russisch-orthodoxer Christen nach Israel. Rund eine Million Menschen aus der ehemaligen Sowjetunion hat Israel seit Anfang der 1990er Jahre als Staatsbürger aufgenommen. Aus ihnen rekrutiert sich ein ganz neues Bevölkerungssegment, die Gruppe der „russischen Israelis orthodoxen Glaubens". Dabei handelt es sich entweder um russisch-orthodoxe Ehepartner jüdischer Einwanderer oder um russisch-orthodoxe Einwanderer, die nach dem jüdischen Religionsgesetz (der *Halacháh*) zwar keine Juden sind, aber wegen eines jüdischen Eltern- oder Großelternteils einen gesetzlichen Einbürgerungsanspruch haben. Fachleute gaben uns extrem voneinander abweichende Antworten auf die Frage, wie groß diese Gruppe sei. Die Angaben schwankten zwischen 30 000 und 300 000. Für ein so kleines Land wie Israel wären schon 30 000 sehr viel.

Ein zweiter Grund für die enorme Vermehrung russisch-orthodoxer Pilger ist, dass diese Gläubigen heute eine Reisefreiheit genießen, die sie zu Sowjetzeiten nicht hatten. Es gibt eine lange Tradition russisch-orthodoxer Verbundenheit mit der Anastasis. Im 19. Jahrhundert hatten Pilgerfahrten nach Jerusalem in Russland Konjunktur – davon zeugt nicht zuletzt die Reise, die der große Schriftsteller Nikolaj Gogol 1843 ins Heilige Land unternahm. Ein wichtiger Auslöser des Krimkrieges 1853–1856 war, dass Zar Nikolaus I. vom Sultan Abdülmecid I. die Anerkennung als alleiniger Schutzherr aller – nicht nur der russisch-orthodoxen – Christen im Heiligen Land verlangte. Das wiederum rief den französischen Kaiser Napoléon III. auf den Plan, der sich als Protektor der Katholiken verstand.

Im Osten des Anastasis-Komplexes befindet sich – hinter einem unscheinbaren Eingang versteckt – die Alexander-Newskij-Kathedrale, die in den 1880er Jahren unter Zar Alexander III. gebaut wurde. Bei den Grabungsarbeiten stieß man auf den Rest eines Tores, durch das Jesus auf dem Weg nach Golgatha geschritten sein soll. Ein Besuch dieses Ortes gehört nicht zum üblichen Jerusalem-Programm, aber er lohnt sich sehr – nicht zuletzt, weil er einen Zugang zur russisch-orthodoxen Sicht auf die Anastasis bietet. Eine unserer Besucherinnen berichtete uns, sie habe sich auf dem Heimflug nach Deutschland in einer ganzen Gruppe russischer Pilger wiedergefunden. Sie kam ins Gespräch mit ihrer Nachbarin: „Was hat Sie in Jerusalem am meisten beeindruckt?" Ohne zu zögern antwortete die Mitreisende auf Deutsch: „Das Grab Gottes!"

Der Anspruch der Griechisch-Orthodoxen, Nummer 1 in der Anastasis zu sein, wird durch die jährliche Zeremonie des „Heiligen Feuers" untermauert. Wir hatten davon noch nie gehört und wissen heute, nicht zuletzt durch eigene Anschauung, dass das „Wunder des Heiligen Feuers" für die ganze ostkirchliche Christenheit – Orthodoxe und Altorientale – eine zentrale Bedeutung hat.

Am orthodoxen Karsamstag, kurz nach Mittag, betritt der griechisch-orthodoxe Patriarch von Jerusalem allein die Grabkammer, spricht ein bestimmtes Gebet und wartet darauf, dass das Heilige Feuer auf wundersame Weise als Lichterscheinung aus dem Grab heraufsteigt. An diesem Licht entzündet er die mitgebrachten Kerzen. Dann tritt er vor das Grab und gibt die Flamme zunächst an den Armenischen Patriarchen weiter. In kürzester Zeit wird es in der Anastasis hell. Das Heilige Feuer verbreitet sich von Kerze zu Kerze unter den Tausenden von Gläubigen, die in drangvoller Enge stundenlang auf diesen Moment gewartet haben und in frenetischen Jubel ausbrechen. Das Heilige Feier wird noch am selben Tag in orthodox geprägte Länder geflogen – unter anderem nach Russland, Griechenland, Rumänien und Armenien.

Kein Wunder ist, dass dieses jährliche Wunder ange-
zweifelt wird. Bereits im Jahr 1238 verwarf Papst Gregor IX. das Heilige Feuer als Betrug und verbot den
Franziskanern, sich an dieser Zeremonie zu beteiligen.
Das erklärt, weshalb das „Wunder des Heiligen Feuers" in den Westkirchen vergessen wurde. Seine An-
ziehungskraft auf die Gläubigen der Ostkirchen haben
wir am orthodoxen Karsamstag, den 14. April 2012

erfahren. Neugierig machten wir uns schon frühmorgens auf den Weg zur Anastasis. Doch da waren bereits alle Zugänge zur Altstadt polizeilich abgesperrt. Am Zionstor im Süden hatte sich eine Traube von Menschen gebildet, die vergeblich Einlass begehrten. Fromme Juden durften allerdings passieren. Das brachte uns auf die Idee, *„Kotél, Kotél!"* zu rufen („Klagemauer, Klagemauer!"). Als hätten wir ein „Sesam, öffne dich!" gesprochen, kamen wir durch.

Auch an den Polizeisperren innerhalb der Altstadt hatten wir Glück. Immer wieder wurden wir zusammen mit Gruppen von 10 bis 20 Personen durchgelassen. Diese Gruppen stürmten vorwärts, bis sie an der nächsten Absperrung aufgehalten wurden. Schließlich gelangten wir zum Vorplatz der Anastasis – gerade rechtzeitig, um den feierlichen Einzug verschiedener Kirchenfürsten und ihres Gefolges aus der Nähe beobachten zu können.

Aus der Grabeskirche drang der Lärm unzähliger Stimmen. Draußen verbreiteten Pressefotographen und Kameraleute eine extrem hektische Atmosphäre. Ein großes Aufgebot israelischer Polizisten und Feuerwehrleute stand für alle Fälle bereit. Nach dem Einzug des syrisch-orthodoxen Metropoliten forderte uns ein Polizist auf, entweder in die Anastasis hineinzugehen oder den Vorplatz zu verlassen. Wir hatten genug gesehen. Der Gedanke, in einem völlig überfüllten, dunklen Raum rund anderthalb Stunden lang eingesperrt zu sein, schreckte uns ab. Auf dem Rückweg begegneten wir Hunderten von Menschen, die es nicht mehr geschafft hatten, durch die Absperrungen zu gelangen. Sie warteten jetzt geduldig auf die Ankunft des Heili-

gen Feuers, das ihnen jemand aus der Anastasis mit-
bringen würde.

Christsein in Jerusalem

Es gibt wohl keinen Ort der Welt, an dem so viele verschiedene christliche Konfessionen zusammenleben wie in Jerusalem. Sie sind hier fest verankert, zum Teil seit der Frühzeit des Christentums. Man zählt 13 so genannte traditionelle Kirchen: fünf orthodoxe und altorientalische (griechisch, armenisch, koptisch, syrisch und äthiopisch), sechs katholische (lateinisch, griechisch, maronitisch, armenisch, syrisch und chaldäisch) und zwei protestantische (lutherisch und anglikanisch). Daneben gibt es freikirchliche Gemeinden, die sich zum Teil sehr eng an das Judentum anlehnen. So genannte „messianische Juden" bilden umgekehrt eine Art Brücke vom Judentum zum Christentum, fallen aber zahlenmäßig nicht ins Gewicht.

In diesem religiösen Biotop haben wir das Christentum von neuen Seiten kennengelernt. Geschichte, liturgische Sprachen und Riten der altorientalischen, orthodoxen und mit Rom unierten Christen erinnern daran, dass die Wurzeln des Christentums im Morgenland liegen. Die Beschneidung neugeborener Knaben ist bei ihnen gängige Praxis. Liturgiesprache in der syrisch-orthodoxen und der syrisch-katholischen Kirche ist das Aramäische, die Sprache Jesu. Eine syrisch-orthodoxe Freundin von uns konnte erst 40 Tage nach der Geburt ihrer Tochter wieder die Kirche betreten, nachdem sie vor dem Eingang rituell „gereinigt" worden war. (Wir setzen „Reinigung" in Anführungszeichen, weil es nicht um hygienische Sauberkeit geht, sondern um kultische Reinheit im Sinne der Torah: 3. Buch Mose, 12,1-8.)

Seit Februar 2014 erkennt ein israelisches Gesetz die Arabisch sprechenden Christen als nichtarabische Minderheit an. Aufgrund dieses Gesetzes können sie sich jetzt als „Aramäer" registrieren lassen. Armee-Hauptmann Schadi Halul, der Vater des ersten israelischen Kindes, das nach der neuen Regelung als „Aramäer" gemeldet ist, wies in einem Interview die Kritik zurück, das Gesetz treibe einen Keil zwischen arabische Christen und arabische Muslime. Dabei betonte er – in einer für den israelischen Geschichtsdiskurs typischen Argumentation –, die Aramäer seien noch vor den Arabern in der Levante heimisch gewesen.

Das abendländische, zunächst nur lateinische Christentum kam erst tausend Jahren nach der Urgemeinde mit den Kreuzfahrern hierher. Im Gefolge der europäischen Mächte etablierten sich im 19. Jahrhundert auch Lutheraner und Anglikaner in Jerusalem. Zudem fasste die russisch-orthodoxe Kirche Fuß im Heiligen Land. Natürlich hegten die europäischen Mächte – Briten, Franzosen, Russen und zuletzt auch die Deutschen unter Kaiser Wilhelm II. – nicht die frömmsten Absichten in diesem Teil des dahinsiechenden Osmanischen Reiches. Doch während ihre politischen Ambitionen längst Geschichte sind, haben sie neben vielen kirchlichen Bauten auch lokale christliche Gemeinden hinterlassen.

Die evangelische Gemeinde deutscher Sprache zu Jerusalem – namentlich die Erlöserkirche in der Altstadt und die Himmelfahrtskirche der Kaiserin-Auguste-Victoria-Stiftung auf dem Ölberg – ist nicht nur ein lebendiges Zeugnis dieser Vergangenheit, sondern der bedeutendste Anziehungs- und Treffpunkt für alle Deutschen und für viele Freunde Deutschlands in Jerusalem und weit darüber hinaus. Das Deutsche Evangelische Institut für Altertumswissenschaft des Heiligen Landes (DEI), ebenfalls auf dem Ölberg gelegen, setzt die große Tradition deutscher Archäologie in der Region fort.

Das katholische Paulushaus, Sitz der Jerusalemer Repräsentanz des Deutschen Vereins vom Heiligen Lande und der Schmidt-Schule *(Schmidt's Girls College)*, erinnert ebenso wie die Benediktinerabtei auf dem Zionsberg daran, dass sich die Katholiken im Deutschen Reich nach dem Ende des Kulturkampfs mit Verve den Palästina-Enthusiasmus ihres Kaisers zu eigen machten: „Echt katholisch und gut deutsch", wie es im Titel eines lesenswerten Buchs des israelischen Historikers Haim Goren treffend heißt.

Heute sind nur rund zwei Prozent der Jerusalemiten Christen; vor 70 Jahren sollen es noch 20 Prozent gewesen sein. Ausnahmslos alle unsere arabischsprachigen christlichen Bekannten haben Verwandtschaft in Nordamerika, Europa, Lateinamerika und Australien. Die in Jerusalem verbliebenen Christen sind in der Regel sehr gut ausgebildet und Angehörige der Mitteschicht. Mit ihren zum Teil ausgezeichneten Sprachkenntnissen (vor allem Englisch und Französisch) könnten sie überall auf der Welt beruflich reüssieren. Doch haben uns viele von ihnen gesagt, dass sie bewusst in Jerusalem bleiben, weil sie sich als Erben einer auf die Urgemeinde zurückgehenden Tradition sehen: „Die Erde von Jerusalem ist mit dem Blut unserer

Märtyrer getränkt!" Was für europäische Ohren pathe-
tisch klingen mag, ist hier sehr ernst gemeint und Teil
eines weit zurückreichenden kollektiven Gedächtnis-
ses. Das Lateinische Patriarchat und die Kustodie der
Franziskaner stellen jungen Familien bezahlbare
Wohnraum zur Verfügung, um ihnen den Verbleib in
Jerusalem finanziell zu erleichtern.

Wie anderswo im Nahen Osten ist Religion auch in
Jerusalem ein wesentliches Identitätsmerkmal. Bei
vielen altorientalischen Christen, zum Beispiel den
Armeniern, sind Kirchen- und Volkszugehörigkeit
kongruent. Generell gilt: Anders als im säkularen Europa wird Glauben nicht als Privatsache betrachtet,
sondern als eine Zugehörigkeit, die öffentlich gezeigt
wird. Bei Christen ist ein Kreuz an der Halskette ebenso üblich wie bei Juden ein Davidsstern. Was Muslimen die Gebetskette am Spiegel vor der Windschutz-
scheibe ist, ist Christen der Rosenkranz. Man findet

auch immer mehr junge arabischsprachige Männer, die sich ein Kreuz auf den Unterarm tätowieren lassen.

Judentum und Islam ist gemeinsam, dass sie keine dogmatischen Kathedralen errichten, sondern sehr stark auf die Lebenspraxis im Alltag ausgerichtet sind. Vielleicht hat dieses Verständnis von Religion auf die Christen in Jerusalem abgefärbt. Wie auch immer – in ökumenischen Angelegenheiten verhalten sie sich pragmatisch. Sie sind nicht getrieben vom Geist scholastischer Abgrenzung oder der Sehnsucht nach Brückenbau durch theologischen Dialog. Sie handeln einfach so, wie es für ein gedeihliches Mit- und Nebeneinander sinnvoll ist. Wenn es Streit gibt, dann bezieht er sich zumeist auf Status- und Machtfragen. Vor allem zwischen Griechen und Armeniern scheint es immer wieder Spannungen zu geben, weil die Armenier den griechischen Anspruch, eine führende Rolle im Kreis der orthodoxen und altorientalischen Kirchen zu spielen, bei vielen Gelegenheiten in Frage stellen.

Was wir bei ökumenischen Veranstaltungen und Gottesdiensten erlebt haben, könnte man als „Ökumene der Gastfreundschaft" bezeichnen: Man heißt den Anderen in seinen Räumen willkommen und betet, singt und tafelt mit ihm zusammen. Überhaupt stehen alle Türen offen. Wo wir fremd oder neu waren, wurden wir freundlich begrüßt und zum Bleiben aufgefordert. Auch dieses Verhalten ist wohl nicht spezifisch christlich; eher entspricht es einer kulturellen Norm in diesem Teil der Welt. Traurig ist nur, dass die gute Norm immer wieder unter die Räder politischer Konflikte gerät.

Der interreligiöse Dialog in Jerusalem steht unter völlig anderen Vorzeichen als in Europa oder Nord- und Lateinamerika. Vor allem bei den Katholiken und Protestanten in West- und Mitteleuropa standen nach dem Zweiten Weltkrieg das Erschrecken über die Schoáh und die Gewissenserforschung wegen des eigenen Versagens im Vordergrund. Beide Impulse führten zu einer Abkehr vom traditionellen christlichen Antijudaismus und zu einer theologischen Neubestimmung des eigenen Verhältnisses zum Judentum. Die Lehre vom „ungekündigten Bund" zwischen dem Einen Gott und Israel trat an die Stelle der bisherigen Auffassung, der „alte" sei durch den „neuen" Bund abgeschafft worden. In diesem Sinne sprach Kardinal Ratzinger 1996 von der „gleichen Glaubensrichtung" von Juden und Christen: Niemand kann ausschließen, dass der Messias, dessen Kommen die Judenheit ersehnt, identisch ist mit dem Messias, dessen Wiederkunft die Christenheit erwartet.

An vielen palästinensischen Katholiken und Protestanten ist diese Entwicklung vorbeigegangen, weil sie die Schoáh als europäisches Verbrechen wahrnehmen, das ihnen selbst keine historische Erblast aufbürdet. Im Gegenteil, nicht wenige palästinensische Christen fühlen sich als indirekte Opfer des Emigrationsdrucks, den die nationalsozialistische Gewaltherrschaft auf europäische Juden ausübte. Die Ostkirchen haben sich ohnehin nie mit derselben Intensität diesen Fragen zugewandt wie die Westkirchen. Entscheidend ist jedoch, dass die Politik alles andere in den Hintergrund drängt. Der israelisch-palästinensische Gegensatz ist stärker als der Wunsch nach christlich-jüdischer Verständigung.

Auch in der jüdischen Bevölkerung gibt es wenig Interesse am Dialog mit Christen. Juden bilden im Staat Israel die Mehrheit. Sie empfinden einfach kein Bedürfnis, mit den Christen über religiöse Fragen zu sprechen. In gewisser Weise ist das auch die logische Folge eines Geschichtsbewusstseins, das an eine Ära vor zwei- bis dreitausend Jahren anknüpft, in der es den Tempel, aber keine Christen – und erst recht keine Muslime – gab. Ein liberaler, aus den USA stammender Rabbiner sagte uns einmal: „Für die meisten israelischen Juden ist Christentum mehr oder weniger gleichbedeutend mit den Kreuzrittern und der spanischen Inquisition." Mit eigenen Ohren haben wir von einem orthodoxen Rabbiner gehört, die Christen seien erst mit den Kreuzzügen ins Land gekommen; über tausend Jahre Christentumsgeschichte in Jerusalem werden da einfach ausgeblendet.

Wir hatten das große Glück, auf jüdische Gesprächspartner zu treffen, denen der jüdisch-christliche Dialog am Herzen lag und die sich hervorragend in christlicher Geschichte und Theologie auskannten. Darunter waren orthodoxe und liberale Rabbiner (und Rabbinerinnen), die sich schon seit Jahren auf diesem Feld engagieren. Es ist sicher kein Zufall, dass – jedenfalls nach unserem Eindruck – viele der am Dialog beteiligten jüdischen Israelis in Ländern mit christlicher Mehrheit aufgewachsen sind.

Was für den jüdisch-christlichen Dialog gilt, gilt erst recht für das jüdisch-muslimische Gespräch. Im Juli 2014, auf dem Höhepunkt des Dritten Gazakrieges, mussten der Interreligiöse Koordinierungsrat in Israel (ICCI) und die Konrad-Adenauer-Stiftung auf Wunsch von muslimischen Teilnehmern eine jüdisch-christlich-muslimische Gemeinschaftsveranstaltung anlässlich des Ramadan absagen. Die muslimischen Teilnehmer hegten nicht die geringste Sympathie für die radikalislamische Hamas, aber sie hatten sicher Grund zur Sorge, in ihrer eigenen Gemeinschaft als „Verräter" gebrandmarkt zu werden.

Generell ist es nicht einfach, auf muslimischer Seite Gesprächspartner zu finden, die zu einem interreligiösen Gespräch mit Juden bereit sind. Zu den bemerkenswerten Ausnahmen gehört der Jerusalemer Kadi Iyad Zahalka, ein in Tel Aviv ausgebildeter Jurist und Scharia-Richter. Er stammt aus der Gegend von Haifa, wo die jüdisch-arabischen Beziehungen deutlich entspannter sind als in Jerusalem. Zahalka, geboren 1969, gehört der jüngeren Generation moderater Muslime an, die den Staat Israel anerkennen. Wir haben ihn auf mehreren öffentlichen Veranstaltungen zu den jüdisch-arabischen Beziehungen und zum interreligiösen Dialog in Israel erlebt. Er vertritt die Auffassung, dass es keinen Widerspruch zwischen Koran und Moderne gebe; vielmehr dürfe der Koran im Lichte neuer wissenschaftlicher Erkenntnisse und gesellschaftlich-kultureller Veränderungen zeitgemäß gedeutet werden.

Viele lokale Christen weisen das Argument zurück, ihnen gehe es unter israelischer Herrschaft doch viel besser als ihren Glaubensbrüdern und -schwestern in Syrien oder dem Irak. So sehr das stimmt, so wenig lassen sie das als Einwand gegen einen Palästinenserstaat gelten. Im Blick auf das Verhältnis zu den Muslimen drückte der ehemalige Lateinische Patriarch Michel Sabbah vor einigen Jahren aus, was nach unsrem

Eindruck die Mehrheit der Ost-Jerusalemer Christen denkt: „Ob Christen oder Muslime – wir sind dasselbe Volk mit derselben Kultur und derselben Geschichte. Eine Nation, die in einem Konflikt mit einer anderen Nation steht. Eine Nation, die unter militärischer Besatzung lebt, braucht kein Mitleid, sondern Gerechtigkeit. In einem sehr angespannten politischen Kontext versuchen wir, mit derselben Herausforderung klarzukommen."

Vielfalt kennzeichnet nicht nur den christlichen Mikrokosmos in Jerusalem, sondern auch das katholische Segment innerhalb dieses Mikrokosmos. Nach Einwohnern hat dieses Segment die Größe eines Dorfes. Dort leben ganz unterschiedliche Familien neben- und miteinander: arabisch- und hebräischsprachige, englische, französische und deutsche – um nur diejenigen zu nennen, mit denen wir in regelmäßigem Kontakt standen. Es fiel uns jedenfalls nicht schwer, in diesem Dorf heimisch zu werden. Drei Familien fühlten wir uns besonders verbunden: den arabisch-, den hebräisch- und den deutschsprachigen Katholiken.

Die arabischsprachige Gemeinde der Altstadt lernten wir über den Terra-Sancta-Chor am Magnificat-Institut der Franziskaner kennen. Er gestaltet die Festgottesdienste in der Franziskanerkirche, der Anastasis und der Kon-Kathedrale des Lateinischen Patriarchen musikalisch mit („Kon-Kathedrale" deshalb, weil die Anastasis den Status der Hauptkathedrale hat). Es ist ein junger, polyglotter Chor aus lokalen Christen und Expats. Die vertonten Texte sind lateinisch und arabisch (in Lautschrift), gelegentlich auch italienisch und englisch.

Wir haben im Chor gute Freunde gefunden, denen wir verbunden bleiben. Mit ihnen gemeinsam zu singen und zu feiern, gehörte zu den Konstanten unserer Jahre in Jerusalem. Besonders beeindruckt haben uns die temperamentvolle Leiterin des Terra-Sancta-Chors, Hania Soudah-Sabbara, und der Franziskaner Armando Pierucci. Pater Armando war viele Jahre lang Cheforganist in der Anastasis. Als exzellenter, weit über Jerusalem hinaus bekannter Komponist hat er für die lokalen Christen viele arabische Texte – Messen und traditionelle Kirchenlieder – mehrstimmig vertont. In der 2013 gedrehten *arte*-Dokumentation „24h Jerusalem" wird er sehr schön porträtiert.

Eine große Entdeckung war die hebräischsprachige Gemeinde in der Rav-Kook-Straße, in der Nähe Jaffa-Straße. Sie gehört zum Vikariat der hebräischsprachigen Katholiken in Israel. Bei diesen Katholiken handelt es sich in den seltensten Fällen um Konvertiten. Man trifft dort vor allem Christen, die schon seit Langem in Israel leben und arbeiten, darunter Ehepartner jüdischer Israelis. Auch bei ausländischen Studierenden an der Hebräischen Universität Jerusalem ist diese Gemeinde beliebt. Das Vikariat ist Teil des Lateinischen Patriarchats und wird vom Jesuitenpater David Neuhaus geleitet. Pater Neuhaus ist Sohn deutscher Juden, die nach Südafrika emigrierten. Als junger Mann zog er nach Jerusalem um und ließ sich dort nach einigen Jahren katholisch taufen. Als Patriarchalvikar ist er auch landesweit zuständig für die Migrantenseelsorge, die wegen der großen Zahl von Gastarbeitern (in Israel passt das in Deutschland unüblich gewordene Wort) aus den Philippinen, Indien und Sri

Lanka sowie Asylbewerben aus Ostafrika immer wichtiger wird.

Wir haben gern die Sonntagabend-Gottesdienste dieser sehr gastfreundlichen Gemeinde besucht. Melodik und Harmonik vieler ihrer Lieder entsprechen dem Sound israelischer Volksmusik. Besonders fasziniert hat es uns, vertraute biblische und liturgische Texte wie zum Beispiel das Vaterunser oder den Friedensgruß „Pax Christi" – *Schalom ha-Maschiach* – auf Hebräisch zu hören. Es wird einem bewusst, dass viele Sätze – wie etwa die Segensworte über Brot und Wein bei der Gabenbereitung – identisch sind mit den Sätzen, die man in Synagogen oder beim abendlichen Schabbátmahl hört. Uns fiel auf, dass die trinitarische Formel „Im Namen des Vaters und des Sohnes und des Heiligen Geistes" stets um die Worte „ein Gott" – *Elohim echád* – ergänzt wird. In Jerusalem müssen Christen gegenüber Juden und Muslimen eben betonen, dass auch sie strenge Monotheisten sind.

Die *Dormitio,* die deutsche Benediktinerabtei auf dem Zionsberg, liegt an einer der sichtbarsten Stellen des alten Jerusalem, allerdings vor der Stadtmauer im Süden. Sie ist für deutsche Pilger und Touristen ein fester Anlaufpunkt. Auch wir haben uns gerade in der Anfangszeit dorthin orientiert. Später besuchten wir sie vor allem mit deutschen Gästen. Besonders gut in Erinnerung bleiben uns die Patres Elias, Matthias und Nikodemus, die als Seelsorger die deutschen Katholiken in Israel und dem Westjordanland betreuten. Pater Nikodemus ist darüber hinaus bekannt – und außerordentlich geschätzt – als jemand, der das Gespräch mit verschiedensten Kreisen in Jerusalem sucht.

Nationalreligiöse Fanatiker betrachten den Zionsberg wegen des so genannten Davidsgrabes als ihre Domäne. In jüngster Zeit gab es immer wieder Schlagzeilen, weil Täter aus diesem Milieu – in der Regel aufgehetzte Jugendliche – mit Graffiti („Jesus ist ein Affe") und Vandalismus die Abtei beschädigten und Mönche der Dormitio, die im Ordenshabit in die Altstadt gingen, anpöbelten und anspuckten.

Ganz besonders ins Herz geschlossen haben wir die Borromäerinnen vom deutschen Pilgerhospiz in unserer Nachbarschaft. Die wunderbare Gastfreundschaft der Schwestern haben wir immer wieder – vor allem zu Beginn und am Ende unseres Jerusalem-Aufenthalts – sehr genossen. Für das Miteinander in Jerusalem leisten sie einen bedeutenden Beitrag mit ihrem Kindergarten. Dort kommen christliche und muslimische Kinder aus der ganzen Stadt zusammen. Dieser anspruchsvollen Aufgabe widmen sie sich mit der gleichen Sorgfalt und Liebe, mit der sie sich um Gäste aus Deutschland, aber auch aus Israel kümmern.

Rachels Grab

Wer in Jerusalem lebt, sieht von verschiedenen Standorten aus immer wieder eine Mauer, die das Ost-Jerusalemer Gebiet weiträumig umfasst. Auch Bethlehem im Süden, das rund 75 Minuten Fußweg von unserer früheren Wohnung in Abu Tor entfernt auf palästinensischem Gebiet liegt, wird zur israelischen Seite hin durch eine Mauer abgeschottet. Mauern machen fünf bis zehn Prozent der rund 700 Kilometer langen Sperranlage aus, die Israel seit 2002 errichtet hat. Diese Anlage soll Selbstmordattentäter daran hindern, in israelisches Gebiet einzudringen. Sie dient aber auch dazu, das von Israel kontrollierte Territorium über die Grüne Linie hinweg auszudehnen.

Seit 2008 hat es keine palästinensischen Selbstmordattentate mehr gegeben. Israelische Sicherheitsfachleute führen diesen Erfolg allerdings nicht allein auf die Sperranlage, sondern auch – vielleicht sogar vor allem – auf die gute geheimdienstliche und polizeiliche Koordination zwischen dem Staat Israel und der Palästinensischen Autonomiebehörde in Ramallah zurück. Palästinensische Offizielle sprechen nicht gern darüber, denn die Autonomiebehörde wird wegen dieser Zusammenarbeit von vielen Palästinensern der Kollaboration mit dem Feind geziehen.

Wie soll man die Sperranlage als Ganze nennen? In Israel bevorzugt man die Bezeichnung „Sicherheitszaun". Das blendet die Realität der Mauerabschnitte aus. Mit bis zu acht Metern Höhe sind diese Abschnitte höher als die Berliner Mauer, wie insbesondere Besucher aus der ehemaligen DDR und Berlin schockiert feststellen. Die auf palästinensischer Seite verwendete Bezeichnung „Apartheidmauer" enthält eine massive politische Wertung. Zudem blendet sie aus, dass 90 bis 95 Prozent der Anlage aus einem Sicherheitszaun bestehen. ·Nach alledem scheint es uns am korrektesten zu sein, für das Ensemble aus Sperrzäunen und Trennmauern die neutrale Bezeichnung „Sperranlage" zu verwenden.

In einer ganz bestimmten Hinsicht trifft der Vergleich mit der Berliner Mauer zu: Die Sperranlage steht Menschen, die zusammengehören, im Wege. Wir sprachen einmal Hania, die Leiterin des Terra-Sancta-Chors, darauf an, dass sie keine christlichen Sängerinnen und Sänger aus Bethlehem oder Ramallah rekrutieren könne. Sie bestätigte, dass die Sperranlage ihre Möglichkeiten stark einschränke und kommentierte das mit den Worten: „Die Christen jenseits der Mauer sind von uns in Jerusalem abgeschnitten, aber auch wir sind von ihnen abgeschnitten. Wir können zwar zu ihnen kommen, aber sie können an unserem Gemeindeleben in Jerusalem nicht teilnehmen."

Rachel war die Lieblingsfrau von Erzvater Jakob (genannt Israel) und Mutter von Josef und Benjamin, zwei Stammvätern der zwölf israelitischen Stämme. Sie ist daher eine der Erzmütter Israels. Die Liebesgeschichte zwischen Jakob und Rachel gehört zu den schönsten der Bibel. Sie endet damit, dass Rachel bei der Geburt Benjamins in der Nähe von Bethlehem stirbt und Jakob ein Grabmal für sie errichtet.

Das Rachel-Grab ist ein Wallfahrtsort, an dem jüdische Frauen um Fruchtbarkeit oder eine glückliche Geburt beten. Viele stellen Votivlichter auf, wie man das von Marien-Wallfahrtsorten her kennt. Wir sahen dort bei unserem Besuch eine ultraorthodoxe Frau, die weinend ein solches Licht anzündete und davor verharrte.

Das Grabmal lag jahrhundertelang malerisch in der judäischen Hügellandschaft auf dem Weg von Jerusalem nach Bethlehem. Zu Beginn der Zweiten Intifada 2000/2001 geriet es mehrfach unter palästinensischem Beschuss. Jüdische Pilger waren dort ihres Lebens nicht mehr sicher. Im Jahr 2002 wurde die heilige Stätte von Israel ins eigene Territorium eingegliedert und mit einer gewaltigen Betonmauer und Wachttürmen umgeben.

Die palästinensische Seite der Mauer um das Rachel-Grab hatten wir uns bereits im Oktober 2013 angeschaut. Sie ist eine Pilgerstätte ganz anderer Art. Die dort aufgesprühten Graffiti sind international bekannt. Viele Besuchergruppen werden von palästinensischen Guides dorthin geführt. Am Ende einer Sackgasse steht das Haus der christlichen Familie Anastas, die einen Souvenirshop betreibt. Während unseres Besuchs waren wir die einzigen Passanten, die sich an diesem Mauerabschnitt aufhielten. Claire Anastas, die Mitinhaberin des Ladens, sprach uns von sich aus an. Sie erzählte uns voller Bitterkeit, wie der Bau der Mauer ihr Haus und ihr Geschäft buchstäblich an den Rand gedrängt habe. Sie hat ihre Geschichte, wie sie uns selbst sagte, schon manchem ausländischen Medienvertreter erzählt.

Die Graffiti sind eine Form ohnmächtigen Protestes, der teils sympathisch, teils abstoßend wirkt. *„We are here to stay"* heißt es an einer Stelle; diesen Satz könnte man zugespitzt mit „Wir lassen uns nicht vertreiben" übersetzen. An einer anderen sieht man ein weißgesichtiges Monster mit schwarzer Kippa; dieses Graffito wirkt eindeutig antisemitisch. Claire Anastas verkaufte uns eine Karte, die den labyrinthischen, völlig absurd anmutenden Mauerverlauf beim Rachelgrab dokumentiert.

Im Januar 2014 besuchten wir dann endlich die andere Seite. Wir waren zu Fuß dorthin gegangen und wurden vom äthiopisch-jüdischen Wachtposten aufgehalten mit der Bemerkung, die letzte Meile dürfe man nur mit Auto oder Bus zurücklegen. Wir brauchten nur fünf Minuten zu warten, dann nahm uns ein Auto mit französisch sprechenden orthodoxen Juden als Anhalter mit.

Das Bild, das sich uns am Ziel bot, war zwar nicht ganz so trostlos wie jenes auf der palästinensischen Seite, aber Mauer und Wachttürme gaben dem Ort etwas von einem Hochsicherheitstrakt. Das Grabmal selbst ist außen völlig verbaut (wenn man es mit den alten Bildern vergleicht) und im Innern wie eine Synagoge nach Männern und Frauen getrennt. Fast alle Betenden waren an ihrem Äußeren als strengreligiös erkennbar – und es gab deutlich mehr Frauen als Männer.

Zurück fuhren wir mit der Buslinie 163, in der wir uns fast ebenso exotisch vorkamen wie im Grabmal selbst. Im Gegensatz zu den meisten anderen Passagieren, die nach Geschlechtern getrennt saßen (Männer vorn, Frauen hinten), nahmen wir uns zwei Plätze nebeneinander. Wir waren die einzigen, die in Abu Tor ausstiegen. Unsere modern-orthodoxe Freundin Schoschanah hatte, als sie von unserem Plan eines Ausflugs zum Rachel-Grab hörte, gefragt: „Wollt ihr euch das wirklich antun?" Jetzt verstanden wir ihre Frage – aber es war uns doch wichtig gewesen, auch diese Seite der Mauer mit eigenen Augen zu sehen.

Wir wollen hier kein politisches Statement abgeben, sondern einfach nur festhalten, dass sich am Rachel-Grab auf ein paar Quadratmetern die ganze Verfahrenheit des israelisch-palästinensischen Konflikts auf bedrückende Weise verdichtet.

Postscriptum: Bei seinem Bethlehem-Besuch am 25. Mai 2014 hielt Papst Franziskus an der Mauer an. Er ging zu einem riesigen Stahltor, das bei Bedarf von israelischer Seite aus geöffnet werden kann, und verweilte dort kurz in stillem Gebet. Israelische Regierungspolitiker hielten sich mit Kommentaren zurück. Umso deutlicher wurde in den israelischen Medien ausgesprochen, das „ikonische" Bild des Papstes an der Sperranlage, das sofort weltweit die Runde machte, stelle einen großen Propagandaerfolg für die palästinensische Seite dar.

In Israel fiel besonders übel auf, dass die vom Papst aufgesuchte Stelle ausgerechnet die Graffiti *„Free Palestine"* (was sich sowohl auf die Palästinensischen Gebiete als auch auf Mandatspalästina vor Gründung des Staates Israel beziehen kann) und *„Bethlehem look* (sic!) *like Warsaw Ghetto"* zeigte. Tags darauf sorgte Ministerpräsident Netanjahu für das Gegenprogramm,

indem er den Papst – abweichend vom Protokoll – zur Gedenkstätte für die Opfer palästinensischen Terrors auf dem Militärfriedhof am Herzlberg führte und ihm erklärte, weshalb die von Israel errichtete Sperranlage notwendig sei.

Zwei oder drei Wochen nach diesen Ereignissen trafen wir einen Mitarbeiter der Palästinensischen Autonomiebehörde, der für das Protokoll des Papstbesuches in Bethlehem mitverantwortlich gewesen war. In größerer Runde erzählte er ganz offen – und erkennbar stolz –, wie er die kleine Abweichung vom offiziellen Programm eingefädelt hatte. Wenn wir ihn richtig verstanden haben, kam der Wunsch des Papstes nach einer solchen Geste zwar relativ spontan, aber die Art und Weise, wie er verwirklicht wurde – vor allem die Auswahl der Stelle –, entsprang einem genauen Kalkül der palästinensischen Gastgeber.

Auf Wiedersehen, Jerusalem!

Das Foto auf dem Buchcover haben wir am Dienstag, den 1. Juli 2014 bei einem abendlichen Gang durch die West-Jerusalemer Jaffa-Straße aufgenommen. Es ist ein Bild der stillen Trauer. Wenige Stunden zuvor wurden die drei Jeschiwa-Schüler Naftali Fraenkel (16) Gilad Schaer (16) und Ejal Jifrah (19) beigesetzt. Sie waren am 12. Juni 2014 im Westjordanland von radikalislamischen Palästinensern entführt und anscheinend sofort ermordet worden. Ihre Leichen fand man aber erst am Montag, den 30. Juni. Gemäß jüdischem Gesetz sind sie alsbald zu Grabe getragen worden.

Was man auf dem Foto nicht sehen kann, sind 50 bis 100 junge Extremisten aus dem nationalreligiösen Siedlermilieu, die einen halben Kilometer weiter eine Haltestelle des *Jerusalem Light Rail* säumen und „Tod den Arabern!" rufen. Bereitschaftspolizei auf Motorrädern hat die Demonstranten fest im Blick. Wir gehen tief beunruhigt nach Hause und können lange nicht einschlafen.

Am nächsten Morgen findet die Polizei im Wald bei Giw'at Scha'ul die verkohlte Leiche des 16-jährigen Palästinensers Mohammed Abu Khdeir aus dem Jerusalemer Stadtteil Schu'afat. Er ist, wie sich später herausstellt, bei lebendigem Leib verbrannt worden. Die Vermutung liegt nahe, dass es sich um einen Akt der Rache für den Tod der drei Jeschiwa-Schüler gehandelt hat. Doch über die sozialen Medien verbreitet sich das Gerücht, der Junge sei schwul gewesen und wahr-

scheinlich Opfer eines innerpalästinensischen Ehren-
mordes. Viele unserer jüdischen Freunde klammern
sich an diesen Strohhalm: „*Wir* tun so etwas nicht, das
verbietet uns die Torah!"

In der Nacht von Mittwoch, den 2. auf Donnerstag,
den 3. Juli, weckt uns das ratternde, mal lauter, mal
leiser werdende Geräusch von Hubschraubern, die über
dem Kidrontal und anderen Teilen Ost-Jerusalems
patrouillieren. Was ist da los? In den arabischen Stadt-
teilen Jerusalems, vor allem in Schu'afat, kommt es zu
gewalttätigen Ausschreitungen, die tagelang andauern.
Es ist Ramadan, aber in diesem Jahr herrscht im Muslimischen Viertel der Altstadt nach Sonnenuntergang
eine gespenstische Stille – nicht die fröhliche Volksfestatmosphäre, die wir in den Jahren davor beim all-
abendlichen Fastenbrechen erlebt hatten.

Am Sonntag, den 6. Juli, nehmen israelische Sicherheitskräfte sechs jüdische Verdächtige fest. Drei von
ihnen – ein 30-jähriger Mann und zwei Jugendliche –
werden wegen Mordes an Mohammed Abu Khdeir
unter Anklage gestellt.

Unterdessen geht der seit Mitte Juni andauernde Ra-
ketenbeschuss aus dem Gazastreifen weiter – wir selbst
merken davon nichts, weil die Ziele im Süden und
Südwesten Israels liegen. Erst später – zum ersten Mal
während des WM-Halbfinalspiels Brasilien gegen
Deutschland am 8. Juli – gibt es auch dann und wann
Raketenalarm in Jerusalem. Am 8. Juli beginnt die
israelische *Operation Protective Edge* (von den verschiedenen deutschen Übersetzungen trifft es „Operation
Fels in der Brandung" wohl am genauesten). Sie endet
erst am 26. August mit einer unbefristeten Waffenruhe.

Da sind wir bereits knapp einen Monat zurück in Deutschland.

Es war ein trauriger Abschied. Er hat an unserer Liebe zu Jerusalem, vor allem an unserer Freundschaft mit den Menschen, denen wir dort begegnen durften, nichts geändert. Allerdings kommen uns die Jahre von 2011 bis 2014 im Rückblick als eine Zeit verpasster Chancen vor. Es schien ja keinen zwingenden Grund zu geben, das heiße Eisen des schwelenden Konflikts anzupacken. Der israelisch-palästinensische Status quo wirkte stabil. In Jerusalem ging das Leben in äußerlich ruhigen Bahnen weiter. Gewiss, es gab immer wieder Streit um Bauprojekte der israelischen Regierung im Ostteil der Stadt; jüdische und arabische Jugendliche verprügelten einander, Palästinenser bewarfen Autos mit Steinen. Aber was war das schon im Vergleich zum entsetzlichen Blutvergießen, zu Flucht und Vertreibung von Millionen Menschen im gleichzeitig wütenden syrischen Bürgerkrieg?

Oberflächlich gesehen, ist dieser Einwand richtig. Aber er darf nicht den Blick auf die in der Zukunft lauernden Gefahren verstellen. Was sich seit dem 12. Juni 2014, dem Tag der Entführung der drei Jeschiwa-Schüler, entwickelt hat, deutet nach unserem Eindruck auf eine gefährliche Vertiefung des israelisch-palästinensischen Konflikts hin.

Kurz bevor wir 2011 in Jerusalem ankamen, hatte eine Umfrage der angesehenen *Pechter Middle East Polls* Aufsehen erregt, wonach nur 30 Prozent der arabischsprachigen Ost-Jerusalemiten dafür optieren würden, Bürger eines künftigen Palästinenserstaates zu werden.

Eine relative Mehrheit von 35 Prozent würde der israelischen Staatsangehörigkeit den Vorzug geben; 30 Prozent gaben keine Antwort oder sagten, sie wüssten es nicht. Leider ist diese Umfrage bislang nicht wiederholt worden. Wir sind aber ziemlich sicher, dass die Zahl derjenigen, die für die israelischen Staatsangehörigkeit optieren würden, inzwischen deutlich abgenommen hat.

Wenn wir unsere Erfahrungen von 2011 bis 2014 in einem Satz zusammenfassen sollten, dann würden wir sagen: Das Kernproblem des Konflikts ist der Mangel an Empathie für die Traumata der anderen Seite. Daraus resultiert eine wechselseitige Dehumanisierung. „Dehumanisierung" ist ein Schlüsselbegriff im israelisch-palästinensischen Diskurs. Er beschreibt die Unfähigkeit, den Anderen in seinem individuellen Menschsein wahrzunehmen. Der Andere ist nur noch Teil eines feindlichen Kollektivs, das auf Vertreibung oder gar Vernichtung des eigenen Kollektivs sinnt. Deshalb ist Mitleid mit dem Anderen gleichbedeutend mit Verrat am eigenen Volk.

Die physische Trennung beider Völker während und nach der Zweiten Intifada hat die wechselseitige Entfremdung gefördert. Heute wohnen sie auf verschiedenen Planeten. Kein jüdischer Jerusalemit fährt mehr zum Einkaufen nach Bethlehem; ohne Erlaubnis der Militärverwaltung dürfte er das sowieso nicht. Kein Bethlehemit trifft sich mit Freunden am Strand von Tel Aviv; er würde am erstbesten Checkpoint aufgehalten werden. Für den Durchschnitts-Israeli sind alle Palästinenser potenzielle, vielleicht sogar verkappte Terroristen. Für den Durchschnitts-Palästinenser sind alle Israelis Besatzer – arrogante Wachposten an den Checkpoints und aggressive Siedler.

Ein zweites Problem ist der Mangel an Bereitschaft, vor der eigenen Tür zu kehren. Wir fanden es ermüdend, auf beiden Seiten immer wieder das Argument „Aber die Anderen sind doch viel schlimmer!" hören zu müssen. Das mag ja so sein, aber es befreit einen nicht von der Pflicht, das eigene Haus in Ordnung zu bringen. Viel zu lange haben die israelischen Sicherheitsbehörden darüber hinweggesehen, dass sich in den extremistischen Nischen des Siedlermilieus Räume der Gesetzlosigkeit und eigenmächtiger Gewalt gebildet haben, die für jeden Rechtsstaat eine ernste Herausforderung sind. Viel zu lange haben säkulare, moderat muslimische und auch christliche Palästinenser dazu geschwiegen, dass die radikalislamische Hamas den Staat Israel von der Landkarte tilgen will und die Ermordung von Juden für ein gottgefälliges Werk hält.

Das dritte Problem ist, dass viele Menschen auf beiden Seiten davon träumen, die andere Seite werde irgendwann klein beigeben und das Feld räumen. Für wen arbeitet die Zeit in diesem endlosen Zermürbungskrieg? Wir wissen es nicht. Wir hören nur, dass auf beiden Seiten der Ruf „Wir bleiben hier! Das ist *unser* Land!" immer lauter wird. Die Option, das andere Kollektiv zu vertreiben oder zu vernichten, verbietet sich aus moralischen und völkerrechtlichen Gründen; sie ist aber auch völlig unrealistisch. Wenn dem so ist, dann bleibt beiden Seiten gar nichts anderes übrig, als sich zu arrangieren. Werden sie jedoch erkennen, dass sie nur gemeinsam überleben können? Von den blutigen Konflikten vor der eigenen Haustür gehen Gefahren aus, die beide Völler in die Katastrophe stürzen könnten. Wir setzen unsere Hoffnung darauf, dass sich diese Einsicht durchsetzt – gegen den fatalen Glauben, „dass die Zeit für uns arbeitet".

Trotz aller negativen Erfahrungen trösten wir uns mit einem Gedanken, den wir aus vielen guten Gesprächen mitnehmen: Die meisten Israelis und die meisten Palästinenser, die meisten Juden und die meisten Araber spüren im ihrem tiefsten Innern, dass die Dehumanisierung der Gegenseite sie immer tiefer in eine Sackgasse führt und letztlich die eigene Humanität aushöhlt. Verachtung (vor allem auf jüdisch-israelischer Seite) und Hass (vor allem auf arabisch-palästinensischer Seite) zerstören die eigene moralische Integrität.

Die Ausbrüche von Verachtung und Hass, die wir in den letzten Wochen unseres Jerusalem-Aufenthalts mit eigenen Augen und Ohren auf beiden Seiten erleben mussten, haben uns tief erschüttert. Gleichzeitig haben wir Geschichten gehört, die unseren Glauben an die Menschen auf beiden Seiten stärken.

Am meisten beeindruckt haben uns Äußerungen der Familie von Naftali Fraenkel, einem der drei am 12. Juni entführten und dann ermordeten jüdischen Schüler. Als bekannt wurde, dass am 2. Juli der arabische Jugendliche Muhammed Abu Khdeir entführt und ermordet worden war, erklärte sie öffentlich: „Es gibt keinen Unterschied zwischen (jüdischem) und (arabischem) Blut. Mord ist Mord." Und Rachelle Fraenkel, die Mutter von Naftali, kondolierte Muhammeds Familie mit den Worten: „Nur die Mörder unserer Söhne ... – und nicht unschuldige Menschen – sind zu bestrafen. Das ist eine Sache von Armee, Polizei und Justiz – und nicht von Bürgerwehren. Keine Mutter und kein Vater sollen je das durchmachen müssen, was wir durchmachen, und wir teilen den Schmerz von Muhammeds Eltern."

Wir sprachen darüber mit einem palästinensischen Bekannten, einem gläubigen Moslem, der uns daraufhin Folgendes erzählte: Vor gut 20 Jahren – er war damals 18 Jahre alt – habe er seine Großmutter besucht und sie weinend angetroffen. Er fragte, warum sie weine. Sie antwortete: „Eben kam in den Nachrichten, dass zwei israelische Soldaten getötet worden sind." Unser Bekannter entgegnete: „Aber Oma, das sind doch keine von uns!" Darauf habe sie nur gesagt: „Aber die haben doch auch Mütter!" Diese Worte seiner Großmutter, so unser Bekannter, hätten auf ihn eine nachhaltige Wirkung gehabt und sein Denken verändert.

In ihrer ganzen Schlichtheit bringt diese Anekdote auf den Punkt, wie ein Anti-Dehumanisierungs-Programm aussehen müsste. Man kann ein solches Programm allerdings nicht von politischen Führern erwarten, die den Eindruck haben, sich in Teilen des eigenen Volkes mit einer Rhetorik der Verächtlichmachung und Dämonisierung des anderen Volkes beliebt zu machen.

Seit dem Scheitern der Friedensgespräche 2013-2014 setzen viele Palästinenser und Israelis wieder ihre Hoffnung auf Druck von außen, vor allem auf eine europäische und amerikanische Politik von Zuckerbrot und Peitsche. Aber so erreicht man kein Umdenken. Die Gegenbewegung muss aus dem Innern beider Völker kommen. Nur dann wird sich etwas ändern, nur dann werden die politischen Führungen umdenken und damit beginnen, jegliche Hetze gegen das andere Volk zu ächten und zu ahnden.

Die moralischen Widerstandskräfte auf beiden Seiten *sind* vorhanden. Diese Erfahrung haben wir mit nach Hause genommen. Wir blicken voll Dankbarkeit auf unsere Jahre in Jerusalem zurück und werden weiterhin auf der Seite derer stehen, die Gewalt ablehnen und die Suche nach einer friedlichen und gerechten Alternative nicht aufgeben.

Glossar

Byzantiner heißen die Untertanen des christlichen oströmischen Reiches, das von Konstantinopel (Byzanz, heute Istanbul) aus regiert wurde und zu dem Jerusalem bis 614 n. Chr. gehörte. Auch nach der muslimischen Eroberung florierte – so neuere Erkenntnisse des israelischen Archäologen Gideon Avni – das christliche Leben im Heiligen Land, bis dort nach der Vertreibung der Kreuzfahrer durch Saladin im Jahr 1187 eine flächendeckende Islamisierung einsetzte.

Chanukkah, wörtlich „Weihung", „Einweihung", ist ein Fest, das an den Makkabäeraufstand gegen die hellenistische Seleukidenherrschaft und die Wiedereinweihung des Zweiten Tempels nach der Rückeroberung Jerusalems 164 v. Chr. erinnert. Es ist von Lichtsymbolik geprägt, beginnt am 25. Kislew des jüdischen Kalenders und dauert acht Tage – nach gregorianischem Kalender fällt es in die Zeit zwischen Ende November und Ende Dezember, also in die christliche Advents- und Weihnachtszeit.

Diaspora, wörtlich „Verstreuung" oder „Zerstreuung", bezeichnet im jüdischen Kontext heute gemeinhin die Gesamtheit der jüdischen Populationen außerhalb des Staates Israel. Im Jahr 2012 lebten von den rund 14 Millionen Juden weltweit ca. 43% in Israel, 39,5% in den USA, 3,5% in Frankreich, 1,3% in Argentinien und 0,9% in Deutschland. (Quelle – mit Informationen über weitere Länder – im Internet unter: www.jewishvirtuallibrary.org/jsource/Judaism/jewpop.html)

Expat, abgeleitet vom englischen Wort „Expatriate" („außerhalb des Vaterlandes lebend"), ist die Bezeichnung für alle ausländischen, nicht im diplomatischen Dienst tätigen Fachkräfte, die von einem Unternehmen, einer internationalen Organisation (namentlich der UNO) oder einer Nichtregierungsorganisation (zum Beispiel kirchlichen Hilfswerken, Instituten für kulturellen Austausch, politischen Stiftungen) für eine befristete Zeit in ein Gastland entsandt worden sind.

Grüne Linie bezieht sich auf die Waffenstillstandslinien, die am Ende der Kampfhandlungen zwischen Israel und fünf arabischen Nachbarländern im Unabhängigkeitskrieg 1948/49 gezogen wurden. Im Sprachgebrauch von Journalisten und Politikern heißen diese Linien oft auch „Grenzen von 1967", weil sie das von Israel bis zum Sechstagekrieg 1967 kontrollierte Territorium definieren. Wer „Grenzen von 1967" sagt, will zumeist andeuten, dass die endgültige Grenzziehung zwischen dem Staat Israel und einem künftigen Palästinenserstaat den territorialen Zustand vor dem Sechstagekrieg (weitgehend) wiederherstellen sollte.

Haggadáh („Erzählung", Pl. **Haggadot**) heißt die Textgrundlage für das abendliche Sedermahl an → Pessach; es handelt sich um eine abwechslungsreiche Folge von erzählenden Abschnitten über den Auszug der Israeliten aus Ägypten, Gebeten, Liedern, Kommentaren und Anweisungen für symbolischen Handlungen.

Halacháh ist die Sammelbezeichnung für das aus der → Torah und der „mündlichen Torah" (→ Talmud) hergeleitete jüdische Religionsrecht.

Haredi (Substantiv und Adjektiv; andere Schreibweise: Charedi; Pl. **Haredim** oder Charedim) ist eine hebräische Bezeichnung für die → ultraorthodoxen Juden

Jeschiwa (Pl. **Jeschiwot**) ist ein jüdisches Lehrhaus, in dem vor allem die → Torah und der → Talmud studiert werden. Jeschiwot spielen im Leben → ultraorthodoxer Männer eine zentrale Rolle.

Jom (andere Schreibweise: Yom) ist das hebräische Wort für „Tag".

Jom ha-Atzma'ut (Unabhängigkeitstag) ist der Name des israelischen Nationalfeiertags; er erinnert an die Unabhängigkeitserklärung vom 14. Mai 1948 und wird am 5. Ijjar des jüdischen Kalenders begangen – nach gregorianischem Kalender zwischen Mitte April und Mitte Mai; ihm geht der → Jom ha-Zikarón unmittelbar voraus.

Jom Jeruschalajim (Jerusalem-Tag) heißt der säkulare Feiertag zur Erinnerung an die Eroberung der Altstadt durch die israelische Armee am 7. Juni 1967; er wird am 28. Ijjar des jüdischen Kalenders begangen – nach gregorianischem Kalender zwischen Anfang Mai und Anfang Juni

Jom Kippur (Tag der Sühne, Versöhnungstag) ist der höchste jüdische Feiertag; er wird am 10. Tischri des jüdischen Kalenders begangen – nach gregorianischem Kalender zwischen Anfang September und Anfang Oktober.

Jom ha-Schoáh (Tag des Gedenkens an Schoáh und Heldentum) heißt der nationale Tag des Gedenkens an die unter nationalsozialistischer Gewaltherrschaft ermordeten sechs Millionen europäischen Juden; er wird am 27. Nisan des jüdischen Kalenders begangen – nach gregorianischen Kalender zwischen Anfang April und Anfang Mai.

Jom ha-Zikarón ist der nationale Tag des Gedenkens an die gefallenen israelischen Soldaten und Opfer des Terrorismus; er geht dem → Jom ha-Atzma'ut unmittelbar voraus.

Kadi (andere Schreibweise: Qāḍī) ist die Bezeichnung für einen Richter an einem → Scharia-Gericht.

Kaschrut ist der hebräische Sammelname für die jüdischen Speisegesetze, nach denen zwischen „koscheren" und „nicht koscheren" Speisen und Getränken unterschieden wird. Ob ein jüdisches Restaurant vom Rabbinat als „koscher" zertifiziert wird, hängt nicht allein davon ab, dass es die Vorschriften der Kaschrut einhält; es muss auch andere religionsgesetzliche Bestimmungen beachten, darf insbesondere nicht am Schabbát oder an religiösen Feiertagen geöffnet sein.

Levante ist die Bezeichnung für die Anrainergebiete der östlichen Mittelmeerküste (Syrien, Libanon, Israel, Jordanien, Palästinensische Gebiete); gelegentlich wird auch Jordanien als östliches „Hinterland" dazu gezählt. Israel und die Palästinensischen Gebiete bilden zusammen die „südliche Levante".

Menorah ist der Name des goldenen Siebenarmigen Leuchters, der einst im Tempel stand. Neben dem Davidsstern gilt die Menorah weltweit als ein Hauptsymbol des Judentums. Ein stilisiertes Abbild dieses Leuchters steht im Zentrum des israelischen Staatswappens. Die Menorah ist nicht zu verwechseln mit der Chanukkiah, den neuarmigen Leuchter für das → Chanuk-kah-Fest.

nationalreligiös ist eine Bezeichnung für politisch weit rechts stehende religiöse Zionisten. Bei dieser Gruppe handelt es sich um eine – öffentlich stark präsente – Minderheit, die dem Staat Israel heilsgeschichtliche Bedeutung zuschreibt und die Besied-lung des Westjordanlandes („Judäa und Samaria") als biblisch gebotene Mission betrachtet. Entgegen einer in Europa weit verbreiteten Auffassung rekrutieren sich die Nationalreligiösen nur zu einem sehr kleinen Teil aus dem Kreis der → Ultraortho-doxen.

Observanz, wörtlich „Beachtung, „Befolgung" (Adjektiv: **ob-servant**) bezeichnet den Grad der Beachtung des jüdischen Religionsgesetzes. Observanz ist nicht dasselbe wie Gläubigkeit; Umfragen zufolge glauben 80% der jüdischen Israelis an Gott, aber fast die Hälfte von ihnen bezeichnet sich als → säkular, also nicht-observant.

orthodox bedeutet im Judentum die Zugehörigkeit zu der be-sonders → observanten, in Israel dominierenden Hauptströmung des religiösen Judentums. Die andere Hauptrichtung, das Re-formjudentum mit seinen verschiedenen Ausprägungen, ist in der → Diaspora stark vertreten. Innerhalb der jüdischen Ortho-doxie wird zwischen modern-orthodoxem und ultraorthodoxem Judentum differenziert.

Palästina ist ein Begriff mit verschiedenen Bedeutungen. Er kann sich beziehen auf (1) die römische Provinz Palaestina (seit 193/4 n. Chr.); (2) die Region Palästina, die heute eher als „süd-liche → Levante" bezeichnet wird; (3) das Gebiet des britischen

Völkerbundsmandats1920-1948; (4) den (künftigen) Palästinen-serstaat.

Pessach ist im jüdischen Kalender das zweite der drei Pilgerfeste
→ Sukkot, Pessach und → Schawuot. Ihm entspricht im Christentum das Osterfest. Es erinnert an den Auszug aus Ägypten
und gehört zu den wichtigsten jüdischen Festen. Pessach wird in
der Woche vom 15. bis zum 21. Nisan des jüdischen Kalenders
gefeiert (in der → Diaspora einen Tag länger) – nach gregorianischem Kalender zwischen Ende März und Ende April.

Ramadan ist der Name der islamischen Fastenzeit im neunten
Monat des islamischen Mondkalenders; nach gregorianischem
Kalender „wandert" der Ramadan gleichsam gegen den Uhrzeigersinn durch das Jahr – er beginnt jedes Jahr zehn bis elf Tage
früher als im Vorjahr. Zu Ende geht der Ramadan mit dem
zwei- oder dreitägigen Fest des Fastenbrechens (arabisch: Id al-
Fitr), einem der höchsten islamischen Feste.

säkular dient im israelischen Sprachgebrauch als Adjektiv vor
allem für jene Juden, die ihre jüdische Identität nicht religiös,
sondern als Volkszugehörigkeit definieren und kein → observantes Leben führen.

Scharia (andere Schreibweise: Scharī'a) ist der Inbegriff des
islamischen Religionsrechts, einschließlich der für die richterli-
che Rechtsanwendung und -fortbildung notwendigen Ausle-
gungsregeln. Wegen des → Status quo unterliegen die Muslime
auf israelischem Staatsgebiet in Personenstands-, Ehe- und Familienangelegenheiten der Rechtsprechung durch eigene Scha-
ria-Gerichte

Schawuót (auch „Wochenfest" genannt) ist im jüdischen Kalender das dritte der drei Pilgerfeste → Sukkot, → Pessach und Schawuot. Ihm entspricht im Christentum das Pfingstfest. Schawuót wird am 6. Siwan des jüdischen Kalenders gefeiert – nach gregorianischem Kalender zwischen Mitte Mai und Mitte Juni.

Schin Bet (auch „Schabak" genannt) ist der Name des israelischen Inlandsgeheimdienstes. Er ist auch für die Terrorbekämpfung in den Palästinensischen Gebieten zuständig und vom Mossad, dem israelischen Auslandsgeheimdienst, zu unterscheiden. International bekannt wurde der Schin Bet durch den israelischen, 2013 für einen Oscar nominierten Dokumentarfilm „The Gatekeepers" (Die Torwächter), der in Deutschland unter dem reißerischen Titel „Töte zuerst – Der israelische Geheimdienst" gezeigt wurde.

Schoáh („Katastrophe", „großes Unglück") ist das hebräische Wort für die Ermordung von sechs Millionen europäischen Juden unter der nationalsozialistischen Gewaltherrschaft. Die in Nordamerika und Europa geläufige Bezeichnung „Holocaust" (wörtlich „vollständiges Brandopfer") hat sich im allgemeinen Sprachgebrauch ebenso wenig durchgesetzt wie das hebräische Wort „Churban" („Vernichtung", „Verwüstung").

Sepharden (auch **Sephardim**, hebräisch Sfaradím) sind die Abkömmlinge jener Juden, die bis zu ihrer Vertreibung 1492 und 1513 auf der Iberischen Halbinsel lebten; der Name ist hergeleitet vom hebräischen Wort für Spanien, Sfarad. Juden mittel- und ost- und nordeuropäischer Herkunft heißen „Aschkenasim"; dieser Name ist hergeleitet von Aschkenas, der in der rabbinischen Literatur des Mittelalters für Deutschland verwendeten Bezeichnung.

Status quo, wörtlich „Zustand, in dem (sich die Dinge befinden)", bezeichnet rechtliche und/oder faktische Gegebenheiten, durch die ein innergesellschaftlicher oder zwischenstaatlicher Konflikt zwar nicht gelöst, aber auf unbestimmte Zeit eingefroren und so an einer Eskalation gehindert wird. In Jerusalem regelt der aus dem 18. und 19. Jahrhundert stammende, von der damaligen osmanischen Herrschaft dekretierte Status quo die Aufteilung heiliger Stätten zwischen verschiedenen Religionsgemeinschaften sowie die Nutzung bestimmter heiliger Stätten durch verschiedene Konfessionen innerhalb derselben Religionsgemeinschaft (wichtigstes Beispiel: Grabeskirche). Zum Status quo aus osmanischer Zeit gehört auch, dass in Personenstands-, Ehe- und Familienangelegenheiten das Recht der jeweiligen Religionsgemeinschaft gilt. Für Juden ist auf diesem Gebiet die → Halacháh, für Muslime die → Scharia, für Christen das jeweils einschlägige kanonische Recht maßgebend.

Sukkah (Pl. **Sukkót**) ist eine Laubhütte, unter deren Dach sich während des Laubhüttenfestes → Sukkot ein großer Teil des Gemeinschaftslebens (Mahlzeiten, Geselligkeit im Familien- und Freundeskreis usw.) abspielt

Sukkot (auch „Laubhüttenfest" genannt) ist im jüdischen Kalender das erste der drei Pilgerfeste Sukkot, → Pessach und → Schawuot. Es wird vom 15. bis zum 21. Tischri des jüdischen Kalenders gefeiert – nach gregorianischem Kalender zwischen Mitte September und Mitte Oktober. Am Ende von Sukkot steht das Fest der Torah-Freude, Simchat Torah.

Talmud ist der Name für das nach der → Torah wichtigste Kompendium jüdischen Rechts. Er besteht aus 63 Traktaten und zwei Teilen. Der ältere Teil, die Mischnah (ca. 200 n. Chr.), kodifiziert die „mündliche Torah", also jene jüdischen Rechts-überlieferungen, die nicht in den Fünf Büchern Mose festgehalten sind. Der jüngere Teil, die Gemara (ca. 500 n. Chr.), ist eine Sammlung rabbinischer Auslegungen der Mischnah. Der Talmud beziffert die in der Torah enthaltenen Ge- und Verbote auf insgesamt 613 (248 Gebote, 365 Verbote); in dieser Zahl sind die Zehn Gebote enthalten.

Torah ist der hebräische Name der Fünf Bücher Mose. Jedes Buch ist nach seinen ersten Worten benannt: 1. Bereschit = „Im Anfang" = Genesis; 2. Schemot = „Namen" = Exodus; 3. Wajikra = „Und er rief" = Levitikus; 4. Bemidbar = „In der Wüste" = Numeri; 5. Devarim = „(Dies sind die) Worte" = Deuteronomium

ultraorthodox werden jene → orthodoxen Juden genannt, die ein streng religiöses, extrem observantes Leben führen. Sie machen rund 10% der israelisch-jüdischen Bevölkerung aus, Tendenz steigend. Das Adjektiv „ultraorthodox" lehnen sie als despektierlich ab; stattdessen möchten sie als „streng religiös" oder → Haredi(m) bezeichnet werden. Auf keinen Fall sollte man sie – wie es oft geschieht – mit den → Nationalreligiösen verwechseln.

Zelot, wörtlich „Eiferer", ist die Bezeichnung für religiöse Fanatiker, die sich vor 2000 Jahren zu einer paramilitärischen Widerstandsbewegung gegen die römische Besatzung zusammenschlossen. Heute wird dieser Name – oft in polemischer Absicht – auf → nationalreligiöse Aktivisten übertragen, die keine Trennlinie zwischen Religion und Politik akzeptieren, und hier vor allem auf diejenigen, die sich für den Bau eines Dritten Tempels einsetzen.

Quellenangaben

Bibel-Zitate sind der Einheitsübersetzung entnommen, die unter anderem über die Website http://www.bibleserver.com/ verfügbar ist.

Wir können hier nicht die vielen Bücher und DVDs aufzählen, denen wir während unseres Israel-Aufenthalts wichtige Informationen und Orientierungshilfen entnommen haben. Im Folgenden zählen wir nur die Quellen auf, die wir in unserem Buch ausdrücklich erwähnen oder denen wir wörtliche Zitate und längere Gedankengänge entnehmen.

Bücher

Amir, Eli: Der Taubenzüchter von Bagdad. Wien 1998 / Bergisch Gladbach 2000
(Ein Roman, der die irakischen Juden, das Ende ihrer Gemeinde in Bagdad und ihre Emigration in den jungen Staat Israel anschaulich beschreibt)

Bremer, Jörg: Unheiliger Krieg im Heiligen Land. Meine Jahre in Jerusalem. Berlin 2010
(Reichhaltiger Erfahrungsbericht des langjährigen Korrespondenten der Frankfurter Algemeinen Zeitung in Jerusalem über die Zeit von 1991 bis 2009)

Gold, Dore: The Fight for Jerusalem. Radical Islam, the West, and the Future of the Holy City. Washington D.C. 2007

(Eine Darstellung des Streits um den Tempelberg aus nationalkonservativer Sicht)

Goren, Haim: „Echt katholisch und gut deutsch". Göttingen 2009
(Das Standardwerk eines israelischen Historikers über das intensive Engagement deutscher Katholiken im Heiligen Land von der ersten Hälfte des 19. Jahrhunderts bis vor dem Ersten Weltkrieg)

Gorenberg, Gershom: The End of Days. Fundamentalism and the Struggle for the Temple Mount. Oxford/New York 2000
(Eine Darstellung des Streits um den Tempelberg aus linksliberaler Sicht)

Hilton, Michael: „Wie es sich christelt, so jüdelt es sich". Berlin 2000
(Eine Untersuchung christlicher Einflüsse auf das Judentum)

Loval, Werner M.: We Were Europeans. Jerusalem / New York 2010
(Die bewegende Autobiographie eines 1926 in Bamberg als Werner Löbl geborenen israelischen Juden)

Pinto, Diana: Israel ist umgezogen. Berlin 2013
(Israel zwischen Rückwärtsgewandtheit und Hypermoderne – eine Standortbestimmung aus europäisch-jüdischer Sicht)

Shavit, Ari: My Promised Land. The Triumph and Tragedy of Israel, New York 2013
(Ein lesenswerter Bestseller über „Triumph und Tragödie" des zionistischen Traums)

Sperber, Manès: Churban oder Die unfaßbare Gewißheit. Wien 1979/München 1983
(Essays über europäischen Antisemitismus, jüdische Existenz vor und nach der Schoah und jiddische Literatur)

Wohlmuth, Josef: Gast sein im Heiligen Land. Paderborn 2008
(Das „narrativ-theologische Reisebuch" eines katholischen Theologen)

Yaron, Gil: Jerusalem. Ein historisch-politischer Stadtführer. Dritte, erweiterte und aktualisierte Auflage München 2013
(Ein spannend geschriebener Schnelldurchgang durch 3000 Jahre Stadtgeschichte – und eine exzellente Alternative zu dem in epische Breite gehenden internationalen Bestseller „Jerusalem. Die Biographie" von Simon Sebag Montefiore)

DVDs

24h Jerusalem. 2014
(Eine 24-stündige Dokumentation über einen ganzen Tag im Leben unterschiedlichster Jerusalemiten)

Im Haus meines Vaters sind viele Wohnungen. 2010
(Ein Dokumentarfilm des Regisseurs Hajo Schomerus über den Alltag in der Grabeskirche)

Anhang

Religiöse Selbsteinordnung israelischer Juden

Das *Israel Democracy Institute,* Jerusalem, veröffentlicht jedes Jahr den viel beachteten *Israeli Democracy Index.* Dieser Index gibt unter anderem Auskunft darüber, wie israelische Juden zu den demokratischen Werten stehen und wie sie sich selbst im Hinblick auf Herkunft und Religiosität einordnen.

Seit neuestem differenziert der *Israeli Democracy Index* (IDI) zwischen „Ultraorthodox" und „Ultraorthodox-national". Die meisten Ultraorthodoxen haben zum Zionismus ein distanziertes Verhältnis. Das unterscheidet sie von der Untergruppe der ultraorthodoxen Nationalisten. Addiert man die Zahlen für Nationalreligiöse und Ultraorthodox-nationale, kommt man auf rund 11 % religiöser Zionisten.

„Traditionell-nichtreligiöse" beachten zwar eine Reihe jüdischer Vorschriften, insbesondere die Schabbát- und Feiertagsruhe sowie Teile der Kaschrut, definieren sich aber nicht als religiös.

Religiöse Selbsteinordnung israelischer Juden

(IDI 2013)
Säkular: .... 49,1 %
Traditionell-nichtreligiös: .... 13,0 %
Traditionell-religiös: .... 15,1 %
Nationalreligiös: .... 9,0 %

Ultraorthodox-national: .... 1,8 %
Ultraorthodox: .... 9,4 %

Hinweise auf künftige Verschiebungen im Verhältnis zwischen Säkularen und Ultraorthodoxen gab der IDI 2012: Unter den 18- bis 34-jährigen israelischen Juden stuften sich 21% als ultraorthodox ein; diese Zahl ist mehr als doppelt so groß wie der Anteil der Ultraorthodoxen an der israelisch-jüdischen Gesamtbevölkerung. Nur 39,5% der jüngeren israelischen Juden definieren sich als säkular; diese Zahl liegt rund zehn Prozent unter dem Wert für die israelisch-jüdische Gesamtbevölkerung. Kurz gesagt: Die Zahl der Strengreligiösen wächst, die Zahl der Säkularen nimmt ab.